心一堂彭措佛緣叢書・索達吉堪布仁波切譯著文集

密宗大成就者奇傳
附　欽則益西多吉密傳

多羅拉他　著
索達吉堪布仁波切　譯

書名：密宗大成就者奇傳　附　欽則益西多吉密傳
系列：心一堂彭措佛緣叢書·索達吉堪布仁波切譯著文集
原著：多羅拉他
漢譯：索達吉堪布仁波切
責任編輯：陳劍聰

出版：心一堂有限公司
地址/門市：香港九龍尖沙咀東麼地道六十三號好時中心LG六十一室
電話號碼：(852)6715-0840 (852)3466-1112
傳真號碼：(852)2214-8777
網址：www.sunyata.cc　publish.sunyata.cc
電郵：sunyatabook@gmail.com
心一堂 彭措佛緣叢書論壇：　http://bbs.sunyata.cc
心一堂 彭措佛緣閣：　　　http://buddhism.sunyata.cc
網上書店：　　　　　　　http://book.sunyata.cc

香港及海外發行：香港聯合書刊物流有限公司
香港新界大埔汀麗路36號中華商務印刷大廈3樓
電話號碼：(852)2150-2100
傳真號碼：(852)2407-3062
電郵：info@suplogistics.com.hk

台灣發行：秀威資訊科技股份有限公司
地址：台灣台北市內湖區瑞光路七十六巷六十五號一樓
電話號碼：(886)2796-3638
傳真號碼：(886)2796-1377
網絡書店：www.govbooks.com.tw
經銷：易可數位行銷股份有限公司
地址：台灣新北市新店區寶橋路235巷6弄3號5樓
電話號碼：(886)8911-0825
傳真號碼：(886)8911-0801
網址：http://ecorebooks.pixnet.net/blog

中國大陸發行·零售：心一堂·彭措佛緣閣
深圳流通處：中國深圳羅湖立新路六號東門博雅負一層零零八號
電話號碼：(86)755-82224934
北京流通處：中國北京東城區雍和宮大街四十號
心一堂官方淘寶流通處：http://sunyatacc.taobao.com/

版次：二零一三年十二月初版，平裝

定價：　港幣　　　　一百一十八元正
　　　　　新台幣　　　三百九十八元正

國際書號 ISBN 978-988-8266-43-2

目　錄

密
宗
大
成
就
者
奇
傳

i

密宗大成就者奇傳　目錄

密宗大成就者奇傳

密宗大成就者奇傳　目錄

序　言

　　《密宗大成就者奇傳》是由藏地偉大的佛學家、大成就者多羅拉他（1575-1634）撰著的。多羅拉他是覺囊派眾所周知的最偉大的一位教主。公元1614年，以藏巴漢為施主，多羅拉他建造了達丹彭措林寺，第四世達賴喇嘛稱其為「脈達理」，意為：彌勒。後來，多羅拉他前往蒙古弘法，蒙古汗王尊他為「哲布尊丹巴」，他便因此而創建了蒙古最重要的活佛轉世傳統。他的一生功績卓著，尤其是在建立著名的中觀他空派觀點方面，更是為佛教作出了不可磨滅的貢獻。他曾在自己的密傳中，透露他是全知無垢光尊者的轉世。

　　《印度佛教史》是藏漢兩地學者研究佛教最重要的典籍，但這部《密宗大成就者奇傳》至今尚未被譯成漢文。為了讓更多的人能了解和研究密宗的殊勝成就和印度一些高僧大德的奇妙事蹟，故將《密宗大成就者奇傳》一書譯成漢文。因本書涉及到一般人無法理解的密宗禁行，如享用酒肉、雙運等超凡入聖的行為和境界。故在翻譯之前，本人也對這個問題考慮再三，擔心引起世人的曲解。但不管怎樣，密宗成就者的真相就是這樣的，事實沒有必要隱藏。如《入菩薩行論》中所說：「勝義非意境，許意是世俗」。只要是公正的、對密法的見解有一定認識的、具有智慧的佛教徒都能夠通過這

密宗大成就者奇傳

些行為的表面，一窺它不可思議的，聖者根本智慧的行境，而以自己的分別念來伺察、對密宗有嚴重偏見、境界較低的少數人可能無法理解和接受，就像漢地濟公和尚的某些行為不能為世間一般人接受一樣。

密法的一些甚深的見解和行為要被世人理解和接受需要一個過程，歷史上有很多這樣的事例。印度的大乘佛教剛興盛時，他們的行為不能被小乘聲聞乘接受，他們甚至誹謗大乘非佛所說；漢地禪宗初興世時，也被斥為「瘋人妄談」；密宗也是同樣。因為語言、歷史和地理環境的差別和隔閡，漢地對密法不了解是必然現象。但一般具有前世福德因緣的人，或者對佛教有較全面了解、經過長期聞思修行的人都知道密宗是佛教的一個非常殊勝的宗派，對它即生成就的法自然會作出客觀的判斷和評價。

在此，我真誠地希望，不管是什麼身分的人，都不要以低劣的眼光看待密法甚深的境界，輕易毀謗密宗，欺騙自己，造下謗法和捨法的罪業；更不希望那些沒有任何境界的人，以密宗禁行為名，欺惑他眾。如今，不管是西方還是東方，即使對密宗有狂熱信心，如果不知道其歷史來源和殊勝成就，則畢竟是一件非常遺憾的事。學密的人一定要了解密宗高僧大德的成就和歷史。那些因為對密宗的歷史一無所知，憑自己的想像一概否認的行為，是極端錯誤的。密法是從古至今無數大成就

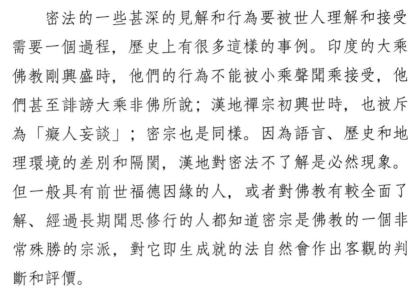

密宗大成就者奇傳　序言

者的智慧結晶，這是個別孤陋寡聞，對其深奧法義無有絲毫認識的人所根本無法抹殺的。

總而言之，不管是顯宗、密宗，還是藏傳、北傳和南傳佛教，它們的宗旨都是圓融一體，互不相違的；從發心、積資淨障直至成就佛果，都異曲同工，沒有什麼差別；它們均是佛親口所說的妙法甘露，有確切的歷史考據。因此，佛教徒要團結和合，互相了解和溝通，這是極為重要的。

願此書所傳達的真理之聲，能夠開啟你朝氣蓬勃，生動而開放的廣闊心胸，成為你深入佛法的無限契機。它取之不竭的智慧加持力，在你抵達解脫之島的旅程中，能夠給予你巨大的啟示，使你瞥見最終的精神本質。

願增吉祥！

索達吉

公元二零零四年三月六日

(藏曆元月十五)於色達喇榮

密宗大成就者奇傳

密宗大成就者奇傳　序言

密宗大成就者奇傳

嗡索德！南摩喀日巍！

頂禮殊勝上師足下！

　　　　開示金剛持之道，根本上師傳承師，

　　　　我以恭敬心頂禮，略說諸上師傳記。

　　　　縱僅一位成就者，神變之舌經百劫，

　　　　亦難言說彼傳記，故遵師言略撰說。

　　我們的殊勝上師桑吉瑞比衰（佛密怙主），一剎那能契入三世諸佛的密意，如海般的妙音。這些事業者受持的教法量無法用比喻衡量。他的根本上師，大成就者希瓦尊者（寂密）具有七種受教傳承的加持，上師的所有教言，他全部得受過。

　　第一位受教傳承上師所受的是大手印的教言。他的名字叫薩繞哈大師。

5

第一品　大手印受教傳承

1.　箭矢大師薩繞哈

人們稱他為阿闍黎婆羅門羅睺羅。他降生在（印度）屋支伯下，婆羅門種姓。童年就精通吠陀和十八學處，還有八大觀察等。他的周圍經常有五百名婆羅門的兒子圍繞，他教授他們一些具有特殊法力的密語。有一天，金剛瑜伽母化作一個賣酒女人，來到阿闍黎身邊。勝義智慧變幻成甘露美酒，她對他打開她的酒桶，請求他接受她的供養。此刻，分別念從他心裡消失了。他從酒桶裡舀起一勺美酒，緩緩地飲盡。當下，他的內心獲得了殊勝的等持。

阿闍黎喝酒的消息傳遍全城，人們說他已失壞了婆羅門種姓。謠言四方流播，婆羅門向他挑釁，他以非凡的瑜伽之力，在婆羅門面前吐出清醇的、散發濃郁酒香的美酒。他把一塊巨大的岩石扔進大海。

「如果我喝酒的話，」他說：「願此石沉入海中，如果你們喝酒我沒喝的話，願石頭漂浮在大海上」。

說罷，那塊巨石漂浮在水面上，一直沒有沉下去。他神異的力量和超越世間的凜然正義攝伏了婆羅門。

後來，他前往印度中部，在佛教教法中出家，成為一位通達三藏的大師。阿闍黎的親教師為拿波長老，拿波長老的親教師是馬鳴論師，馬鳴論師的親教師則是近

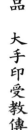

藏論師。但是，親教師的舊傳承很難確定，在藏地戒律的傳承歷史中，拿波長老是羅睺羅（佛子）的親傳弟子。雖然有這種說法，但最好擱置一邊，不作觀察。

不久，尊者被延請至古老常新的那爛陀寺，成為一位聲名鵲起的親教師。他廣轉法輪，開示妙智，功勳卓越，眾人趨之若鶩。當年大乘佛教十分興盛的時代，也正是這位阿闍黎的時代。後來，尊者以覺性禁行的行為來度化眾生。他的心恆時安住於無相等持之中，無有動搖，宛如明鏡。

他來到南方，一個叫馬繞哈匝的地方，遇見一位空行瑜伽母——一個以做箭為生的箭矢之女。每天，她把彎曲之木用力繃緊，做成筆直的箭矢。無論怎樣凹凸的曲木，經過她的製作，都能變成筆直鋒利、威力無比的利箭。她每天做同樣的事情，她用這種意味深長的特殊行徑，向人們指示心性。通過箭女的直指，阿闍黎豁然開悟，通達了心的本性沒有自性，現見了法界實相。

尊者帶著箭女作為明妃周遊四方，他自己也製作弓箭，他的智慧愈加增上。他的名字從此被稱為薩繞哈（箭矢）。因為他曾是一位守持淨戒的大比丘，眾多僧眾的長老親教師，人們對他的行為譁然，誹謗聲四起。包括國王在內，每天，聞訊而來的世人如同觀看戲劇般川流不息地去到他的箭坊，並對他譏諷挖苦。他一邊做箭，一邊唱道：

密宗大成就者奇傳

奇哉我乃婆羅門，
相攜箭女一同行，
合理非理我未見。
受持光頭比丘相，
酒女一起也同行，
貪與不貪無分別，
也無淨與不淨念，
此理他人不了知。
嗚呼世人如毒蛇……

薩繞哈的箭坊裡傳出一支又一支金剛道歌，國王等
五千眾生聽聞之後汗毛悉豎，親見聖諦。無始以來的垢
染如塵埃飄落，他們的身體也變成持明者，以神變飛向
虛空，前往他方清淨剎土。

因他而證悟大手印的大德成千上萬，他的聲名遍布
十方，利益了無量無邊的眾生。最後，他肉身飛往如來
剎土。

這個故事是根據西藏的史料撰寫。後來有一位佛頂
論師，在他的筆記裡，沒有婆羅門羅睺羅中間出家的那
一段情節。有些人認為婆羅門羅睺羅和長老羅睺羅是兩
個人，米雅譯師也這樣承認，事實上，這樣承認也無有
不可。

2. 龍宮取經的龍樹菩薩

薩繞哈的弟子是龍樹菩薩。

龍樹菩薩降生在印度南方貝塔爾，種姓為婆羅門。一天，看相人舉行盛大喜宴，應邀赴宴的有一百名比丘，一百名婆羅門和一百個普通人。他們說龍樹菩薩只能活七年或七個月或七天，除此之外，別無他法。尊者的父母對此深信不疑並深感憂慮。隨著期限的逼近，家人把他和僕人逐出家門。他四處漂泊，風餐露宿，最後流落到那爛陀寺。親教師羅睺羅傳授他無量壽佛的密咒，他的壽命因此延長。

他在那爛陀寺出家，圓滿通達了大乘三藏的所有經論。他還修持大鵬鳥法、作明佛母法、九夜叉法和馬哈嘎拉；成就了妙丹、眼藥、土行、寶劍、空行、隱形、不死和除病這八種共同悉地，還有制伏、死而復生等悉地。除此之外，他還曾以等持之力制伏了所有的龍王和夜叉。尤其值得一提的是，他成就了極為稀有的金丹術（金丹是用某種特殊的草藥和密咒儀軌製成的藥丸，服之可長生不老），成為金剛不壞之身，具有無量神變和神通，並修成了馬哈嘎拉本尊。

一次，尊者到達塔那嘎匝嘎州，欲迎取《馬哈嘎拉續》。他首先修持不動佛，接著又以幻術令那兒的空行母心失神迷。趁她們迷惑之際，他偷偷迎取了《黑天母》和《黑魯嘎續》、《作明佛母續》等經續，還在為

密宗大成就者奇傳

數眾多的智慧空行母面前聽獲了教言。因為他已成就了寶劍、水銀等共和不共八大悉地，故而有一百六十種珍貴的法門被他迎請到人間。

不久，阿闍黎的上師羅睺羅閉關修度母法，當時，龍樹菩薩是那爛陀寺的親教師，正為五百名僧人講經說法。從那一年開始，當地發生了長達十二年的嚴重的飢饉，到處餓殍遍野，幾乎只剩下一座空城。目睹眾生的悲慘情景，尊者製作了點金劑，他把所變的金子拿到沒有災荒的地方換成糧食，使僧眾順利地度過了飢荒。

十二年以後，長老羅睺羅出關，見城中空空如也，眼前一片觸目驚心的景象。他問尊者發生了什麼事，龍樹菩薩說：「我怕上師的閉關出現違緣，所以不敢請示您」。

上師說：「發生了這麼大的事，你為什麼不告訴我？本來我有降食雨的能力！你對眾生的悲心太小了，完全違越了一個菩薩應有的行為，為了淨除罪障，你必須造一百個殿堂，一千個佛堂，一萬個佛塔！」

龍樹菩薩暗暗思忖，「我是一個比丘，要做到這些很困難。錢財只能向財神求取，而且，做這樣的事業也必須依靠龍王的幫助，我要讓龍王對我生起信心」。

於是，他便開始用作明佛母的心咒勾招龍王的女兒。第二天，龍樹菩薩端坐在法座上講法時，有兩位化作人形的女子款款而來。在她們周邊一由旬內，彌漫著

一股特殊而濃郁的檀香氣息。當她們來到他跟前時，香氣便消失了。這事發生了多次，阿闍黎問她們是什麼原因。她們向尊者啟白：「我們乃龍王之女，為了守護人的影子，我們身上散發此檀香」。

「我需要用此香做度母像，」龍樹菩薩說：「希望你們能向我提供此香。我還要建造殿堂，請你們幫助我」。

「這事我們必須問過父王，才能答覆」。

第二天，龍女前來回稟：「父王說如果你能來龍宮，我們就依教奉行。否則，我們不能答應」。

如果去龍宮，就可以把《般若經》迎請到人間，利益無量無邊的龍類和人類眾生。因此，龍樹菩薩決定前往。

有些歷史書說，龍樹菩薩曾見過昔日的迦葉佛和金寂佛（拘那含佛）等如來。他的身體如一座金剛，分外巍峨。許多曾在釋迦牟尼佛教法下成就的阿羅漢，當時住在龍宮裡，見龍王極為隆重地款待尊者，他們大為不解。

「我們是阿羅漢，」他們對尊者說：「你是一個具有貪嗔癡三毒的凡夫，為什麼龍宮裡的毒不能傷害你呢？」

「因為我早已成就了大鵬法的明咒。」尊者說。

還有些歷史書上這樣說，尊者對那些阿羅漢說：

「佛經上說，一切萬法無有自性，我們人間大地上那些比丘的說法與此恰恰相反。你們是怎麼通達諸法無自性的道理呢？」

「諸法的本性正如你們所說的那樣，」阿羅漢回答說：「後來，有執著相的聲聞會出現於世，那是佛陀早就授記了的」。

這種說法如果不是中觀者的臆造，倒也非常巧妙。

阿闍黎在龍宮住了很久，為龍類眾生宣講深廣殊勝的法要。他迎請了《廣般若經》、《陀羅尼經》等許多重要的經典。據說，《般若經》後面有少部分龍王沒給他。還有人說，那些殘缺的部分是佛法在遭遇三次滅頂之災時失毀的，漢文《般若經》的最後三品實際上是出自《般若二萬頌》。

龍樹菩薩回到人間，造了「中觀六論」（《中論》、《六十正理論》、《七十空性論》、《迴諍論》、《細研磨論》和《成名言論》）等論著。通過精妙的辯論，他通徹的智慧制伏了對大乘有邪見的得西比丘（能樂）。為了制止邪說，他把希那德巴聲聞用尋思分別念所造的論點全部匯集，埋於地下。在南方，一個叫匝匝桑嘎拉（摧髻）的地方，聚集了五百名外道，試圖與尊者一辯。最終，他們全部敗在龍樹菩薩的足下，並因尊者的引導而趣入佛門。

此時，上師羅睺羅要求的殿堂已全部竣工，阿闍黎

12

修建的佛塔遍布十方。他對大乘教法的弘揚就像光璨奪目的日輪普照大地。他本想把植物扎（岩石）和南方的登果扎山等變成金山，但度母說這樣做未來會出現爭議，沒有開許。但尊者還是開發了大量的金劑寶藏，用點金劑將頑石點石成金。一天，他在路上見到許多玩耍的孩童，他預言他們其中的一位將成為國王。

後來，尊者去了北俱盧洲，還在其他洲的非人之地居住了十二年。當他返回南贍部洲時，他授記的孩童已成為國王，名叫樂行。他對阿闍黎做了極為恭敬的承侍和供養。依靠龍樹菩薩的殊勝口訣，樂行國王也修成了金丹術，並收服了夜叉。

尊者為僧人建造了五百座殿堂。他在南方吉祥山與夜剎女眷屬共住了兩百年，行持密宗的行為，身體出現了三十二相。直到他布施自己的頭，他一共活了六百七十一歲差半歲。

樂行國王的太子名叫司下枝（具力太子），他朝思暮想繼承王位。他的母后告訴他：「你父親和阿闍黎龍樹菩薩是作同等加持的，他們的生命是一體的。龍樹菩薩是金剛不壞之身，不會圓寂，因此，你父王也不會死。在你以前，你的許多兄長都在沒得到王位之前就去世了，將來他們的孫子也只能如此。」

具力太子聽後鬱鬱寡歡，母后勸慰說，「你不要太失望，有一個辦法可以得到王位。阿闍黎是一位菩薩，

密宗大成就者奇傳

如果你向他要他的頭，他會布施給你。如果他死了，國王也會死，你就可以得到王位」。

　　具力太子立即前往吉祥山，索要龍樹菩薩的頭。龍樹菩薩說：「你自己砍下帶走吧」。具力太子舉起寶劍，可怎麼也砍不下尊者的頭。阿闍黎說：「我以前割吉祥草時，割斷過小蟲的頭，你用吉祥草可以砍斷我的頭」。於是，太子揮舞吉祥草砍去，龍樹菩薩的頭便滾到了一邊，他唱道：「今日前往極樂剎，將來還入此身體。」

　　此時，大地震動，日月無光，天空雷鳴電閃。自此，大地出現了十二年的飢荒。因龍樹菩薩已成就了金丹術，具力太子害怕他的身體重新癒合，便把尊者的頭拖到許多由旬以外的地方。途中，尊者的頭被一位羅剎女搶走，她把它放在一塊巨大的磐石上，石頭豁然裂開，五尊觀世音菩薩的石像自然顯現。後來，由羅剎女作施主，在阿闍黎法體和頭所在之地分別造了兩座殿堂。這兩座殿堂之間以前有四由旬遠，現在只有一聞距左右。關於這件事，我上師也親眼見過，昔日的石牆如今已變成連在一起的岩石。據說這兩座殿堂頗為詭奇神秘，頻頻出現奇妙的幻變，顯得格外神奇。

　　殿堂沒有門，從窗口望進去，還能看見石桌上零星破碎的石像。

第一品　大手印受教傳承

14

3. 獵人夏瓦日巴

龍樹菩薩在都嘎拉時，舞蹈者三兄妹來到他門前，向他供養絲竹之聲。尊者已知他們是具緣弟子，便請他們進入內屋。他給他們看寶慧菩薩的精美畫像，三兄妹中的夏瓦日巴覺得寶慧菩薩異常眼熟，他目不轉睛盯著畫像，說：「我怎麼像見過這張畫像呢？」龍樹菩薩又向他們出示了一面銀製寶鏡，鏡子裡出現了夏瓦日巴墮地獄時被獄火焚燒的慘情。夏瓦日巴大汗淋漓，他祈求阿闍黎垂憐，賜他迅速超脫輪迴的法門。阿闍黎為他灌勝樂金剛頂，他通過修持開悟，現見了具有宿緣的寶慧菩薩的尊顏，成就了雙運果位。

依龍樹菩薩的授記，他前往印度南方的吉祥山，以獵人的形象度化眾生。夏瓦日巴有兩個妃子，優嘉和歌樂，據藏族智者說，後來分別成為弘揚大手印和都哈道歌的兩個空行母，一個叫貝瑪崴地，一個叫嘉娜崴地，就是優嘉和歌樂。她們和夏瓦日巴一起住在南方的吉祥山，行持獵人的行為。因為他已獲得了金剛持果位，人們稱他為大成就者夏瓦日巴。

像打獵之類的行為如果得以清淨，是聖者和雙運（成就）的行為，其他人雖然可能境界高超，但千萬不可貿然行事。

阿闍黎又被叫做小薩繞瓦，他的傳承如下：

夏瓦日巴——樂耶巴——馬匝嘎巴——馬爾樂巴

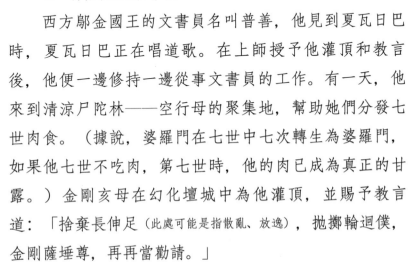

——那洛巴——小祖布巴——羅薩拉巴塔。

在另一個傳承裡，樂耶巴的弟子是匝日巴，匝日巴的弟子阿塔巴，阿塔巴的弟子得洛巴。

4. 瑜伽國王樂耶巴

西方鄔金國王的文書員名叫普善，他見到夏瓦日巴時，夏瓦日巴正在唱道歌。在上師授予他灌頂和教言後，他便一邊修持一邊從事文書員的工作。有一天，他來到清涼尸陀林——空行母的聚集地，幫助她們分發七世肉食。（據說，婆羅門在七世中七次轉生為婆羅門，如果他七世不吃肉，第七世時，他的肉已成為真正的甘露。）金剛亥母在幻化壇城中為他灌頂，並賜予教言道：「捨棄長伸足（此處可能是指散亂、放逸），拋擲輪迴僕，金剛薩埵尊，再再當勸請。」

他知道，要做到這一點需要不散亂地修行，但文書員的工作卻會令心散亂；如果依靠果樹或耕種維生，也需要勤作；而花園的工作又會使人生起貪心和嗔心。究竟以什麼方式維生呢？最後，他決定隱藏自己的種姓，前往東方。他到了班嘎拉（巴基斯坦），看見恆河岸邊的腐魚內臟堆積如山，他以它們為食，精進修持了十二年，獲得了殊勝的大手印果位。

一天，他觀察到調化屋之伯下國王與其大臣的時機已經成熟。當時，恰好有一位國王從南方來拜見國王，

國王在王宮的花園裡大設宴席，為他安置了一個用珠寶鑲嵌，散發名貴檀香和沉香氣息的精美寶座。為了迎接這位南方國王，城市的大街小巷用供品裝飾一新，絢麗繽紛。國王面前列隊站滿了唱誦吉祥歌的婆羅門。當他們把南方國王迎接到花園時，卻見為客人預備的寶座上躺了一個人，他蓬頭垢面，身體因長年日晒雨淋而變成深藍色。國王命令他起來，他卻似乎沒有聽見。三十個婆羅門衝上去拉他，可他像在寶座上生了根，怎麼拉也拉不動，拉他的婆羅門不由自主地傻笑起來。阿闍黎說道：

「這個大地有多大，三界的量有多大。而你們國王只不過是這個大地上很小一部分的一個僕人而已，譏笑他人善妙行為的你們啊，嗚呼輪迴真稀有，又有什麼可以多說的呢！」

人們將此事稟報給國王，國王氣憤地下令：「狠狠打！」。他們只得調動軍隊前往，尊者面對這一切，仍然躺在寶座上邊笑邊說：「哈哈！呵呵！」

當士兵們衝到他面前時，忽然僵住而無法動彈。其中一個士兵意識到這一定是一個非凡之人，便想向他恭敬頂禮，這一念剛生起，他的身體便一下子從僵直中解脫出來。他立刻將此事告訴其他士兵，他們也在生起此念時，而從僵直中解脫出來。人們將此情回稟國王，國王聽後覺得非常稀有，便來到他跟前。

「你是誰？」國王問。

「你是誰？」阿闍黎樂耶巴反問。

「我是國王。」

「我是國王。」

「你是國王？！你有國王所擁有的一切嗎？」

樂耶巴答道：「我有大地的坐墊，日月的明燈，涼風的風扇，虛空的飛幡，空行的王妃。我是這個世界上無有畏懼，最快樂安恬的睡眠瑜伽國王。」

國王和大臣仿佛從大夢中醒來一般，他們顧不得南方國王和所有臣民，立即在阿闍黎足下五體投地，並禮他為師。樂耶巴尊者為他們灌了《勝樂金剛》頂，並賜予他們特殊的加持和教言。

他告訴國王：南方有一個叫哈瑪吉匝的地方，那裡有一個妓女，叫什麼名字，如何如何，你必須去那裡，找到她，做她的僕人。

他又吩咐大臣：東方有一個地方叫嘎那嘎拉，那裡有一個賣酒女，叫什麼名字，住在什麼地方，你必須去那裡，找到她，做她的僕人。

「如果你們能夠如此行持，十二年後，你們將會獲得成就。」

5. 國王匝日巴——妓女的僕人

根據上師的授記，屋支伯下國王和大臣拋棄國政，

奔赴南方和東方。國王做了妓女的僕人，整天為妓女的客人洗腳，同時修持甚深禪定。一天，夜過三更，一個嫖客對他的動作不滿，開始用腳踹他，忽然，他看見這位僕人的頭頂上燃著藍色的火焰，定睛細看，只見他的身體環繞著五色輝光。他意識到他是一位大成就者，立即向他懺悔，妓女也對他做了真誠的懺悔。自此，阿闍黎開始廣弘金剛乘密法。

一次，他宣布做大薈供，大薈供時，有女人等六千眷屬獲得悉地，全部飛向虛空，前往清淨剎土。以前那位踢過他的男人向他祈禱，阿闍黎為他授記：「這個城市的東面有一塊石碑，上面有一頭石刻大象面朝東方，這頭石象正在向西方移動，每年只移動一粒白芥子許的距離，等到石象面朝西方時，你將成就。」

他就是人們所謂的大成就者匝日巴，或者叫妓女的僕人。

密宗大成就者奇傳

6. 大臣——春聲大成就者

大臣當上了賣酒女的僕人，每天為她春米。在春米的時光裡，他通過一再重複的春米過程，現量見到了心的本性。有一次，他深入禪定三昧，久久未出定，鴿子飛來，吃完了他所有的米，賣酒女回家見此情景，氣急敗壞，把他打了一頓。有一天，他唱起了自編的金剛歌，人們才發現他是一位大成就者。他於是開始宣說金

剛乘密法，度化了無以數計的有緣眾生。他的心始終專注在舂米的音聲中，因此，被人們稱為舂聲大成就者。

7. 被阿底峽開除的梅志巴

梅志巴也叫梅志嘎巴，曾是外道婆羅門的班智達。後來他遇見了那洛巴尊者，遂趣入佛門。他在那洛巴前獲得教言和灌頂，並在那爛陀寺出家。

他依止像冉那阿嘎繞、仙得巴那樣的許多大成就者為上師。他自己也成為一位班智達，住在印度第二大寺院布扎馬西拉的一個叫證雅的殿堂裡，一邊從事班智達的事業，一邊修行，終於現見了金剛瑜伽母的尊顏。

尊者意識到增上等持助緣的時機已經成熟，開始私下行持秘密行為。一天，一個沙彌看見上師與女人一起喝酒，於是向僧眾揭露了此事，僧人們譁然，便開始尋機對尊者進行攻擊。尊者用神變從嘴裡吐出白色乳汁，而讓那位沙彌口吐美酒，見此情景，弟子們既震驚又迷惑不解，通過這一行為，終於使一場風波平息了。

可是不久，尊者正在和女人喝酒時又被管家等人撞見，他們剛要懲罰他，卻見酒杯裡明明是乳汁，女人也隱沒不見，而只有一隻金剛鈴。從此，管家等人便悄悄地尾隨在尊者身後，以便監視尊者。一天，當他們突然出現在尊者面前時，尊者來不及用密咒變幻酒和女人，便因此而被僧眾開除了。

他離開寺院，在恆河上鋪上皮墊，渡過了恆河。

據說，當年開除梅志巴尊者的管家就是阿底峽尊者。後來，為了懺悔此罪，阿底峽尊者在烈日下長途跋涉，拜揖尊者。他在尊者前聆聽佛法，並答應尊者來藏地弘法。在後來的日子裡，盡其一生，阿底峽尊者從未間斷做小泥塔，即使在藏地的馬背上。（據說，阿底峽尊者曾問梅志巴尊者：「我當時那樣開除你，怎樣才能淨除這個罪障呢？」尊者說：「你必須承諾做兩件事，一是去藏地弘法，二是每天都要做小泥塔，不可間斷。」）

雖然尊者擁有無邊的瑜伽神力，但他還未徹底證悟。後來，本尊授記，吩咐他去吉祥山尋找夏瓦日巴。他動身前往南方，途中，遇到了薩嘎拉王子，兩人一同到了吉祥山。當地人都說，夏瓦日巴是古代的成就者，怎麼可能找到呢？可尊者毫不動搖，每日堅持不懈地祈禱。六個月後的一天，夏瓦日巴終於出現了。

尊者在他們面前解下髮髻，長長的頭髮垂落雙肩，骯髒的髮絲裡布滿了密密麻麻的蝨子。他的兩個妃子——優嘉和歌樂，在他的頭髮裡尋找蝨子，把牠們抓進嘴裡嚼吃，並發出「啪」「啪」之聲。王子立即在夏瓦日巴尊者的足下頂禮叩拜，梅志巴卻猶豫不決，有些退失信心。夏瓦日巴尊者對王子傳授「阿呀，匝拉，哇啦和」的詞語時，王子當下解脫，頃刻間變為虹光之身，

環繞尊者，冉冉而去。

見此情景，梅志巴周身汗毛悉豎，油然生起極大的信心和歡喜，他剛要向尊者五體投地，又見兩位妃子開始殺野豬、孔雀和其他野獸。梅志巴不能相信自己雙目所見，他的信心又一次動搖。此時，夏瓦日巴一彈指，妃子們消失不見，野獸也無蹤無影。尊者為梅志巴灌頂，賜予他教言，梅志巴當下現見法界深奧實義，生起俱生大智慧，成為無量空行和勇士的主尊。

他暗忖，「我應該先修成寶劍等共同八悉地，成為壽命自在住世數劫的大持明者，然後依靠聖物繼續修行，那時，一定會出現奇妙的明相。」

夏瓦日巴尊者手結契克印，一躍升入虛空：「即使你能做到那樣的幻化又怎樣？」尊者開示道，「你應當為眾生廣說真如實相義。」

梅志巴尊者於是前往印度中部。有些藏地學者認為：尊者後來曾與上師仙得巴進行過辯論，但這種歷史傳說並不符合實際。我的上師說，在印度聖地並沒有這樣的傳說。當時，我向上師請示藏地的一些說法，上師說：「波志桑那巴，塔呀，沙馬呀，佐賊思德沙塔嘎亞。」

意思是說，看來，是狗對藏人那麼說的。哪裡會有捨棄誓言的成就者和修行人呢！由此可知，這些說法只是藏地愚者的道聽途說罷了。

按照藏地智者的說法，梅志巴尊者在印度中部為當地人傳授不作意法門。當時，有人表示懷疑，尊者向他們詳細詮釋了這個法門的依據和來源，它出自一本古代秘籍。有些人提出，那不是續部，不可以作為依據。尊者又為他們宣講了出自《喜金剛》和《密集金剛》的教證，有人詢問這些法門的出處，尊者為此造了《自在決定論》，讓他們領受住於寂靜山林和天然岩窟宮殿，享用無盡法藏的喜悅和竅訣。

尊者在清涼尸陀林宣說了許多奪識法法門，他的一切所欲都由馬哈嘎拉本尊為他提供。馬哈嘎拉為他從百千萬由旬以外的上空帶來無以數計的器情世界之珍奇美物，也將馬拉維國王的女兒從虛空中帶來，後來，她成為著名的空行母互嘎達拉。

尊者主要住在東方歌薩拉森林中，空行母有時變成狐狸接受食子。尊者的身體千變萬化，可以顯現各種不可思議的奇妙身相。由於曾兩次在夏瓦日巴面前退失信心的緣故，尊者未能成就虹身。他七十歲圓寂，在中陰時獲得了殊勝的大手印果位。

那洛巴圓寂時，尊者的弘法事業開始了。雖然尊者沒有那洛巴那樣的名聲和著名弟子，但他一生中最大的利益眾生事業也可以和那洛巴相提並論。當時在印度聖地，他的追隨者很多，只是後來他的傳承弟子逐漸衰弱了。但在北方的尼泊爾和西藏，他的法脈極為興盛。藏

密宗大成就者奇傳

地的古代學者認為，梅志巴的弟子大的有四個，中的七個，小的十個。可是，中小弟子的認定和數目在印度根本沒有。一般來說，尊者的弟子獲得成就的數量十分可觀，其中只有四大弟子是公認的，他們是藍吉多吉（俱生金剛），東尼當珍（空行等持），繞馬巴拉，班扎巴樂。

第一個弟子藍吉多吉也叫南賊得嘎拉，著有《十真如釋》，《略處論》；第二個弟子又叫阿噶拉占扎，他造了《明示智慧論》；第四個弟子也叫夏那日，撰寫了《金剛略句》等。這三位弟子都沒有獲得持明果位。

8. 哀哭三年的護喜

尊者的第三位弟子也叫護喜，他造了《自在決定論釋》，與獲得證悟的瑜伽母仁欽拉母智慧境界相等。他本是國王種姓，在印度南方嘎那匝嘎降生，從小精通各種學處。依止梅志巴尊者十二年。在上師涅槃後，護喜守護著吉祥功德佛塔，寸步不離，每日涕泣，哀哭了整整三年。三年裡，萬念俱灰的他沒對人說過一句話，一心一意地修行。一天，上師無上特殊的加持進入他心間，等候已久的那一刻終於到來，他親證了覺空赤裸的境界。

護喜於是前往印度南方利益眾生，馬哈嘎拉本尊賜予他寶劍等共同悉地。他不捨肉身前往地下，進入吉祥

之門。直到現在，他還住在非人之處饒益他們。

　　一位叫小歌薩拉班扎的阿闍黎，和阿思塔嘎也曾在梅志巴尊者前聽過大手印的教言，尤其是益西協尼（智友），曾在尊者那兒聆授過大手印的口耳相傳竅訣。大阿闍黎希瓦尊者（寂密）的傳承弟子特別讚歎梅志巴尊者，阿伍那色上師卻沒有分別賢劣之心，故未對梅志巴上師加以評論。

　　　　　　　　寶源語第一品大手印受教傳承終

密宗大成就者奇傳

9. 石像布日巴

在布日巴以前怎麼會沒有絕地火瑜伽的傳承呢？（肯定有。因此，）即使布日巴也不一定沒有在其他上師前聽過（絕地火的傳承），但這裡所指的傳承，卻是布日巴在金剛瑜伽母面前親自聽受的。布日巴尊者是那爛陀寺一位著名的班智達和大比丘，後來他開始行持瑜伽行為，時常喝酒，並與女人同居，最後被僧團開除。

他來到恆河邊，跳上一條渡船，要船夫渡他過河。他兩手空空，身姿迎風，一派自在脫俗的風範。船夫向他索要渡資，布日巴說他從來沒有一分錢。船夫要他立刻下船，他手結契克印，直指恆河，河水即刻向上倒流。他站在恆河上，宛如在河面滑翔一般，順流而上，直抵對岸。

他到了一個叫屋之夏的地方，坐進一家酒肆，讓賣酒女為他斟酒，賣酒女對這個放浪不羈的行者上下打量之後，才端上酒，並小心翼翼問他收酒錢。這時，酷熱的驕陽正在他們頭上流連，尊者走出酒肆，陽光在乾燥的塵土上留下了旗杆短小的陰影，他在影子上做了一個記號。

「在這個影子移動的時候，」他對賣酒女說，「我可以付你酒錢。」說完，又坐下來繼續喝酒。但是，太陽卻一直沒有移動，當地的時間因此而發生了錯亂。人

們四處奔走，打聽發生了什麼事，最後終於找到了原因——那位旁若無人，正大杯喝酒的瑜伽士。

這件事立即在整個城市沸沸揚揚地傳開了，國王親自走出王宮，替他付了所有的酒錢，並請他釋放被囚禁的太陽。此時，有人說，時光已整整過去了三天，他已經喝完了全城的酒，太陽一直被牢牢地釘在天幕上。

後來，他成為了稚讓嘎國王的國師。但因為他一直享用外道供品的獻新，卻從不向外道頂禮，國王和臣民對此極為不滿。一天，應他們的一再要求，他被迫向外道的石像頂禮，石像立刻坍塌，並滾落一地。石像中最主要的一尊鳩帝所造的，稱為伯峽那闍的四面神像，也因此而四分五裂。

之後，他前往匝嘎那巴扎的外道殿堂。大殿古老的門廊上懸掛著用青銅製作的上古時代的三叉戟，如果普通人進入殿堂，三叉戟會兀自飛下，以迅雷之勢刺穿入侵者的心臟，自古以來，就從來沒有例外。然後，魔女們會聞訊而來，並享用屍體。

阿闍黎進入殿堂後，對急遽飛馳而來的三叉戟拍手三下，三叉戟當即自動斷裂，並從空中墜地。大殿裡，一座叫占扎嘎的石像開始搖動，尊者揮手向它劈去，它的頭立刻低下，彎腰向尊者鞠躬頂禮，可它的耳朵仍然留在上面，沒有和它的頭一起低下。這座石像至今尚在，依然保持著當時的姿勢和模樣。尊者命令它今後不許

密宗大成就者奇傳

再殘害眾生，石像「唯唯」答應，承諾從此依教奉行。

　　關於匝嘎那巴扎殿堂，藏人說它在印度南方，事實上，它在印度東方。也有人說這石像的調化者是果拉卡尊者。

　　不久，尊者來到一個叫索繞卡的地方，那兒有一座大自在的著名石像叫索瓦那撻，它神秘莫測，變化萬端。尊者用契克印向它一指，它卻紋絲不動、完好無損。尊者非常奇怪，繞著它上下觀察，發現它的頂端有一尊很小的觀世音菩薩石像，也有人說是具光佛母像。尊者把它輕輕移開，天尊立即現出了真容，它懇求尊者不要摧毀石像，他將依照尊者的教導奉行。阿闍黎命令道：「從今以後，你必須供養一百個僧人，不再接受殺生祭祀的供品，供品的獻新必須供養我的身相。」

　　大自在神說：「佛教在不久的將來就會毀滅，但是，人們對我的供養卻會持續很久。不過，乃至佛教毀滅之前，我會盡全力供養僧眾。」

　　此時，阿闍黎當即從所在的地方消失，轟然化作一座巨大的石像，塵土從它的底座揚起。石像的手裡拿了一個小瓶，裡面是希世罕見的點金劑。自此，布日巴的真身沒有再出現過。

　　人們每天去那裡，拿下石像手裡的小瓶，那些廢銅爛鐵經點金劑一接觸，立刻變成光燦燦的黃金。人們依靠它供養了無數僧眾。後來，佐那扎的一個國王從它手

28

裡獲取了兩萬兩黃金，當他貪心膨脹，希求更多時，石像的手握攏了，瓶子閉合在粗大的石手裡。

一天，一位貧窮的婆羅門帶著泥陶瓦罐到石像前殷殷祈禱，低聲哭泣。石像緊握的拳鬆開了，給了他點金劑，要求他七天之內送回。貧窮的婆羅門在三天之內把他所有的器具變成了黃金。兩個遠道而來的國王趕到婆羅門家搶奪點金劑，婆羅門跑到石像前，把點金劑迅速交到石像手裡，石手立即握攏。跑在婆羅門身後的國王氣急敗壞，用棍子猛擊石像的手，國王的手臂當場掉在地上，並因失血過多而死。另一個大叫「打爛它的手」的國王，當即變成啞巴，並瘋狂而死。

從此以後，這尊石像懲惡揚善的威名傳遍了四方。

如今，那裡已沒有僧團，只有一片蓊蓊鬱鬱的古森林，它荊棘密布，杳無人跡，籠罩著腐爛和再生的神秘氣息。石像在森林深處，它黑紫色的頭張著恐怖的大口，顯得極其威嚴。

國王繞馬巴拉時，有一段時間裡，它被取名為思洛巴瑜伽士。

在印度中部，它利益了無量眾生。國王的大象叫貝那撻，當時，有人用石像的洗腳水餵牠，使牠在戰場上變得英勇無比、所向披靡，獨自降伏了八個邊地的國王。

10. 刀槍不入卜志巴

東方果繞有一個國王叫大凡，一天，他從夢裡醒來，見到枕邊盤腿坐著一個歸然不動的瑜伽士。國王受驚，決定給這個自命不凡的瑜伽士一點顏色。他把瑜伽士扔到水裡，可水不能淹；丟進火裡，火不能焚；用長劍短矛等各種兵器刺殺，也不但刀槍不入，而且連刺入身體的兵器也當即腐蝕爛掉。國王又給他灌下了六馱毒藥，命令人們把他圍得密不透風，以等候他毒性發作。過了整整一日，可他的容顏越發滋潤光鮮，仿佛正穿過時光隧道，而即將回到少年。這時，人們才恍然大悟到他是一位大成就者。

「你是誰？」人們問。

「卜志巴。」他說。

人們爭先恐後地依止他。他為具信者傳授了教言，並且只宣說諦實語，他的許多弟子獲得了共同悉地。卜志巴尊者在班嘎拉地方出現了四個月，為很多人親眼所見，可後來他就無蹤無影，再也沒人見過他。據說，他到漢地的時間也恰在此時。人們通稱卜志巴尊者來過人間三次，但三次已經完畢。這位阿闍黎也叫西塔馬巴拉，有一個長老塔馬巴拉是那爛陀寺的親教師，可他們並非同一個人。

11. 「黑色」小布日巴

布日巴的弟子那伯布日巴出生在屋支雅那，為婆羅門種姓。降生時，看相的婆羅門說：「此人將造四種罪業。」所以他被取名為那伯，意為「黑色」。

那伯布日巴七歲時，為了避免造這四種罪，被迫離開故鄉，四處流浪。他的母親叫拉吉瑪，很多年以後，拉吉瑪的丈夫和家中的長輩均已亡故，她四方漂泊，失壞了婆羅門種姓。然後來到了印度東方，在屋支伯下賣酒為生。

一天，那伯布日巴也來到屋支伯下，走進了母親的小酒館。因他七歲就離家，母子二人沒有認出對方，但相互之間，都覺得分外熟悉和親密。當晚，他在母親的小酒館留了下來，兩人做了不淨行。後來，布日巴口乾舌燥，摸黑去外間喝水，卻不料舀了酒罐裡的酒。他一飲而盡，忽然從迷糊和困乏中驚覺：他喝的是酒！他已經失壞了婆羅門種姓！他舉起酒罐，用力仍出窗外，酒罐正砸在窗外一頭犛牛的頭上，牠立刻一命嗚呼。

為了不讓人知道他殺了犛牛，夜過三巡，他把犛牛的屍體偷偷拖到城外一個豺狼出沒的森林邊緣。他把牛屍推下陡坡時，一個婆羅門正從坡下經過，犛牛的屍體砸到婆羅門身上，婆羅門又當場斃命。

那伯布日巴不能相信這一個晚上所發生的事情。他想起看相人的預言，他的名字：黑色。這四種罪業：與

母做不淨行，殺犛牛，喝酒，殺婆羅門。難道達吉瑪是他的母親？

他回到城中，展轉打聽，終於證實達吉瑪正是他的母親。《吠陀》所說的失毀婆羅門種姓的十六種罪業中的四種，已經被他在一天裡全部造作了。

他四處尋找淨除罪業的方法，卻沒有得到滿意的答覆，直到有一天，他遇到了阿闍黎匝雅達拉巴。他賜予他金剛亥母的灌頂和教言，並告訴他，如果他依照教言修行，就能淨除罪業。

他來到果哥那，身體站在大湖裡，頭露在水面上，就這樣修行了六個月，卻沒有一絲驗相。他扯斷脖子上的念珠，扔進大湖，然後回去詢問上師是什麼緣故。上師說：「你繼續修持，很快就會獲得悉地。」他立即重新回到湖中繼續修持。

第七天黎明，金剛瑜伽母以一個女人的形象出現在湖面上。她唱道：「阿卡匝，誰卡支，那瓦誰，繞那拉，剛啊預卜匝，那禾果個那瑪拉那。」意思是：越過八百大海，又越過九百河，來到果哥那這個地方，你是不是想死？

又說：「阿耶瑪塔，蔓則列班扎幼歌呢，得日薩拉那。」意思是：佛母瑜伽母來保佑你。

金剛瑜伽母為他摸頂，那伯布日巴當下獲得了殊勝的等持。瑜伽母說：「與你生生世世具有宿緣的上師是

布日巴大師，他如今住在馬拉哈扎，你應當去見他。」

那時，布日巴已獲成就，一直安住在密意法性的境界裡。他頭戴金剛冠，在各大尸陀林以禁行遊蕩，金剛冠是一頂藍色小帽。據說，他現在住在鄔金剎土，依然沒有捨棄肉身。大布日巴和小布日巴都是依靠大威德金剛和金剛亥母法獲得成就的。

12.「飛禽殺手」仙得樂巴

那伯布日巴的弟子是仙得樂巴。

他從前是獵人種姓，專門獵殺飛禽。一天，他見一隻綠色鸚鵡口銜著果子從虛空中飛過，忙向牠問道：「鸚鵡鸚鵡你去哪裡？」鸚鵡應聲回答：「那裡有大成就者布日巴，我帶果子去供養他。」

仙得樂巴心想：既然旁生都有如此善心，我們人類就更應該造作善業，為自己積累福德。他摘了一個果子給鸚鵡：「請你把它也帶上，幫我供養布日巴。」

鸚鵡飛到那伯布日巴身邊，可尊者不接受獵人的果子。

他說：「喂！鸚鵡！像這種惡人的東西你以後不要拿來給我。」

鸚鵡飛回獵人的住處，把果子還給他。獵人問牠為什麼？鸚鵡傳達了阿闍黎的原話。仙得樂巴頓時生起了無比猛烈的愧悔心。他朝著鸚鵡飛去的方向，穿過一座

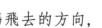

又一座森林，終於找到了大成就者。尊者為他灌了頂，並賜予教言，仙得樂巴銘記於心，並精進修行。可因為他的心一直專注在獵殺飛禽的事情上，因而總是會在修行時看見牠們臨終時撲騰著翅膀，用一雙眼驚慌失措地看他，並拼命慘叫，而他卻總是乾淨利落地用一刀結束其生命的情景。他只得就此去請教上師。

「這樣的分別念很難遮止，」上師說：「就是遮止，也很難生起等持。不如你用泥巴和食物做一些飛禽的像，割斷它們的脖子，然後接著修等持。」

仙得樂巴依教奉行，十二年後，獲得了無上的大手印果位。他離開森林，前往城市，在各大城市示現宰殺飛禽的幻化相，並示現吃肉。人們譏諷他：這樣持守瑜伽士之相！這樣殘害眾生！仙得樂巴用手向虛空一指，被他殺害的鳥類竟然全部復活。在這以後的十二年裡，他以獵殺飛禽的形象度化眾生，行持覺性禁行的行為，人們稱他為大成就者夏塔樂巴，意為：「飛禽殺手。」

13. 騎虎國王朱布瓦

仙得樂巴把法傳給哥薩拉班扎，這也是絕地火瑜伽的一種傳承。小布日巴把法傳給了朱布黑日嘎。

據藏人說：這位上師是一個皮匠。事實上，他是印度東方德不日的一位國王。那年，小布日巴來到他的國家，國王朱布黑日嘎對他生起了無比猛烈的信心，他祈

求上師攝受他，並賜予灌頂。之後，他依照上師教言一絲不苟地修行，令相續中生起了生起次第和圓滿次第的廣大證悟。一天，當他意識到自己需要行持秘密禁行時，竟在眾人面前公開依止一位名叫具有蓮花的僕女為明妃。大臣等臣民都說國王已不再是他們的國王，因為他已經失壞了國王的種姓。他被驅逐出國境，以覺性禁行的行為在各個國家和森林遊蕩。人們稱他為國王朱布瓦。

朱布瓦意為「僕人」，本來國王不是僕人，因為他的明妃是僕人，所以人們稱他朱布瓦，朱布瓦還有一個意思，就是具有僕人。

他住在城外，捕魚、打鳥、獵殺野獸，大啖大食，高聲吟唱，或幽雅或怪異，圍繞篝火即興舞蹈。他賣動物的皮和肉，植物的根莖和果實。他行持各種惡劣行為，如同出自特殊惡劣種姓的人一般。

這位阿闍黎根性特別銳利，在布日巴給他灌頂後，未過六年他就成就了。自從被趕出自己國家以後，他的國家出現了瘟疫、飢荒和連續不斷的災害，他的臣民逐漸意識到這是因為他們把具足福德的國王驅逐出境的緣故所致。便後悔萬分地懇請國王回國，阿闍黎和他的明妃在接受請求後，各騎一頭斑額大虎，手執毒蛇回到了自己的國家。這時，人們才知道，他們的國王已是一位大成就者。國王回國以後，天災人禍消失殆盡，人們在

他足下頂禮膜拜，有緣的民眾祈求他慈悲攝受。國王賜予他們殊勝教言，為數眾多的弟子獲得了共與不共的悉地。

繞拉的國王名叫繞繞，他仇視佛教，毀壞佛堂，驅逐迫害僧人，但他特別害怕老虎和蛇。為了調化他，阿闍黎住到王宮附近的森林裡，國王勒令他離開，說：「你這樣惡劣的瑜伽士不要住那裡。」阿闍黎示現神變，和明妃各騎一頭花紋斑斕的大虎進入城中，他們以觸而身亡的毒蛇為身體的裝飾，以見而中毒的毒蛇為手裡的皮鞭，以聞息即死的七條毒蛇為頭上的髮髻來到國王面前，國王和臣民驚恐萬狀，向他們供養金銀之花，祈求阿闍黎去其他國家。阿闍黎搖身一變，現出二臂黑魯嘎的凶猛忿怒相，老虎升到一人高的虛空中。阿闍黎厲聲說：「如果你們不趨入佛法，我立刻就放出毒蛇。」國王和國中所有臣民全都皈依了佛門，繞塔地區的外道全部滅絕。

尊者到了南方的嘎那匝嘎，住在森林中，與眾多眷屬一起修習等持。有一次，阿匝匝哈薩尸陀林的莫扎雅國王作施主，與五百名男女瑜伽士作薈供。當時，有一個婆羅門比丘名叫思塔嘎拉，對薈供生起邪見，他沒有請示阿闍黎就獨自離開了尸陀林，因違背教言，剛走出森林，他就七竅流血，倒地而死。而五百名男女瑜伽士則均獲得了不同程度的悉地。

阿匝匝哈薩尸陀林附近有一個外道國王，他按照外

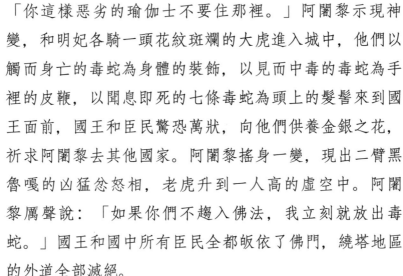

道的傳承建造了一百零八座塔，一萬個頭上有髮髻的外道前來為塔開光。他們殺害各種各樣的眾生，尚在跳動的心臟堆積達三人之高，作為食子供奉天尊。阿闍黎的僕女去那裡時，遭到了他們的謾罵毆打。當晚，尊者一意專注，修法加持，一夜間，一百零八塔全部坍塌，食子等供品散落十方。國王和一萬有髮髻的外道驚恐莫名，第二天一早，他們到尊者前懺悔，再再乞求尊者恢復他們的塔。

尊者說：「從今以後，不許你們殺任何一個眾生來供養聖尊，如果你們殺害一個眾生，所有的塔立刻會全部破裂，為了顯示佛教的力量，除了一座塔以外，我可以恢復其他的塔。」

國王等人回去一看，尊者的許諾已如是實現。後來，有一個國王違背尊者教言進行殺生供養，一百零七座塔當即裂作二至三瓣。直到現在，這些塔還用鐵絲拴著。據說，這些外道的塔是能嘎種姓的塔。阿闍黎在那裡長期從事弘法利生事業，後來他不捨肉身，飛往空行剎土。

他的弟子中主要的成就者是雍卜種姓的瑜伽母、阿門阿拉拉班扎、黑瑪拉班扎，也叫持金金剛；樂拉微地方的繞達班扎。還有措巴、阿嘎巴日巴、扎崖西日、麼拓達瓦和羅睺羅金剛也在阿闍黎面前獲得相應的成就。

大成就者朱布瓦把法傳給僕女瑜伽母，瑜伽母傳給

繞達班扎，繞達班扎又傳給那布秀拔（黑心），這也是一種傳承。

14. 「人頭蓋茅棚主」麼拓達瓦

在另一個傳承裡，僕女瑜伽母將法傳給了秀拔瓦，但在這裡，我們還是以中間的傳承為主進行介紹。

僕女瑜伽母以四種看式利益眾生，她做了息增懷誅四種事業的咒語加行，它們相當靈驗，現在依然留存。她誦唱金剛歌的金剛妙音令無數得以聽聞的具緣者豁然開悟，在眾多有情心間播下道種，後來她直接飛往空行刹土。事實上，她是黑魯嘎對朱布瓦親自授記的明妃。她飛往刹土後，麼拓達瓦尊者潛心祈禱，親睹了瑜伽母的尊顏，聆受了珍貴的教言。

麼拓達瓦是一位極具智慧的大班智達，他在朱布瓦的很多傳承弟子前聽受過教言，還在僕女瑜伽母的一個弟子前聆受過教言。他在鄔金地方專心修持，感致尊者朱布瓦和他的明妃現身其前，授予他精深教言。麼拓達瓦在凶險屍陀林用風乾的人頭蓋堆砌成茅棚，一位瑜伽母做他的修行侍者，一個弟子供養他食物。他義無旁顧，精進修持，終於斷除了胎城相續之見，證悟了覺性，現見了黑魯嘎真顏，獲得了共同悉地。

一次大薈供，他迎請勾招空行和魔女前來參加。拉霍地方有一魔女去參加薈供時，把她家的果樹連根拔

起，帶到薈供之處。魔女的丈夫知道她晚上要出去，便躲在花園裡的一棵芒果樹下，見妻子裝扮一新，將芒果樹連根拔起，飄拂而去。他知道她將到薈供的行列吃大肉，並與瑜伽士雙運，不由得嫉憤難平，對薈供心懷嗔怨。阿闍黎麼拓達瓦已然知曉，對五百男女瑜伽士說：「我們薈供的時候，有些眾生想要害我們，我們要降伏他們。」

黎明時，魔女帶著芒果樹回到家，把芒果樹插回原地，對丈夫說：「阿闍黎敦扎雅占扎（麼拓達瓦）早已降伏你了。」說完，魔王當場倒地而死。諸如此類之事蹟不勝枚舉，阿闍黎的修證力量實在是無邊無際。

尊者把法傳給了他的明妃思不嘎，思不嘎把法傳給了答那西日，答那西日傳給多吉旦巴（中金剛座者），雖然他還傳給了歌薩拉，但這裡還是以詞句的傳承為主。

還有一個傳承，秀拔瓦——聖嘎拉（斯里蘭卡）瑜伽母——麼拓達瓦——日赫拉班扎。

15. 違背師教的日赫拉班扎

日赫拉班扎是國王種姓，很小就面見過本尊，是印度第二大寺院布扎馬西拉寺的比丘和大班智達。他修持密法，上師要他捨棄一切，但因為他貢高我慢，沒有謹遵師言。後來雖然幡然悔悟，全身心懺悔罪業，但還是

密宗大成就者奇傳

沒有任何成就的徵象。有位叫歌那阿嘎繞的上師為他指點迷津，要他割下自己的舌頭，斬斷手腳。此時，昔日的日赫拉班扎已蕩然無存，他毅然割下舌頭，斬斷手腳。由此，他見到了觀世音菩薩和金剛瑜伽母、馬哈嘎拉和度母，得到了他們的特殊加持。有一個上師叫加納撒嘎拉，要求他在水潭中坐七日，他奉教而行。水中有無數蓮花蟲，幾乎吸乾了他身上的血，他奄奄一息，接近死亡。通過這兩種苦行，他違背上師教言的罪障終於得以清淨。他在南方某地全力以赴地修行，獲得了殊勝的大手印果位。

據說，他住在樹木山一座黑色石山的岩洞裡，它應該在印度南方。門域這個地方也有一座樹木山，但可能不是這個。

稍有不同的傳承說法是：麼拓達瓦傳法給達那西，這個傳承雖然和以上相同，但這裡主要指《喜金剛》的絕地火瑜伽傳承而言。

繞達班扎是那爛陀寺一位班智達，但他沒有較廣的傳記。繞拉的一些人說，絕地火瑜伽的傳承應該是這樣的：

小布日巴——那布秀拔——朱布黑日嘎——麼拓達瓦——哥薩拉班扎。

我的上師說，這個傳承之說存有訛誤。

寶源語第二品絕地火瑜伽受教傳承終

第三品　業手印受教傳承

16.　密主國王恩扎布德

真正見過釋迦牟尼佛赫赫金顏的，是大國王恩扎布德，他的本體是密主金剛手。但無論是新成就者還是原已成就的聖人，他們的本體究竟是什麼，一般人是無法想像的。在釋迦牟尼佛的教法中，國王恩扎布德是一切密宗的教主。

恩扎布德國王統治的國家富饒祥瑞，人人都安居樂業。有一天，佛的眷屬阿羅漢到其他洲時，凌空飛過國王的花園。因為相距遙遠，國王看不清晰，便問大臣：「那些紅色的大鳥飛來飛去到底幹什麼？」

大臣說：「國王，他們不是飛禽，他們是大仙人釋迦牟尼佛的聲聞阿羅漢。」

國王聽到大仙人釋迦牟尼的名字，頓時無限嚮往。

「怎樣我才能一睹佛的尊顏呢？」國王問。

「佛在很遠的地方，」大臣說：「不可能來我們這裡。」

當晚，國王向釋迦牟尼佛所在的方向虔敬祈禱，第二天一早，佛與五百名阿羅漢以神變飛來應供。國王竭盡全力，做了極為廣大的恭謹的供養。應供結束時，他向佛求取成佛的方便之道。

佛說：「國王，如果你要成佛，就要捨棄一切妙

41

欲，勤修戒定慧三學，行持六度。」

國王說：「我想要一個能夠和眾妃一起享受五妙欲而獲得佛果的方便法。」並隨即唱道：「贍部花園極愜意，寧可我成為狐狸，釋迦佛位永不欲，願具妙欲共解脫。」

此時，所有聲聞阿羅漢都從他的視線裡消失無蹤。空中傳來美妙的音聲：「此處無有八聖者，也無聲聞緣覺眾，菩薩勇士大神變，彼等顯示彼身相。」

這時，國王面前出現無量幻化壇城，釋迦牟尼佛為國王灌頂，國王恩扎布德當下獲得了雙運身的成就。釋迦牟尼佛把所有的續部都交付給他，他把續部製成書函，對鄔金地區的人們做了廣泛的弘揚。不久，他和王妃等人全部隱沒不見，成為受用圓滿之身，前往各如來剎土。後來，國王曾再度顯現，成為一切密法的結集者。不僅是國王眷屬，鄔金地區的所有眾生，乃至魔和旁生，蜷飛蠕動之微細生靈全都依靠大樂道（密宗）而獲得了虹身。

第三品 業手印受教傳承

17. 大樂遊舞瑜伽母

具德大樂遊舞空行母親自見過密主國王恩扎布德，在恩扎布德飛往如來剎土之後，她還留住於世。她依靠薩哈繞「俱生成」法門成就。「俱生成」法門在傳承上有些微不同，主要是加持傳承和教言傳承之間的差異。

據《俱生成釋》中記載，大樂遊舞母是鄔金地區一個國王的公主，當她長成一個青春妙齡的少女時，一天，她和五百名女眷一起走入王宮附近一座悅意可人的森林。大菩薩金剛手幻化成一個仙人，名叫賜眾安慰。他雙爪如鷹，衣衫襤褸，垢髮披肩，女眷們乍見之下以為是魔鬼，她們尖聲驚叫，四下逃散。大樂遊舞母在她們後面喊：「回來，快回來，不要害怕！」

五百名女眷見大樂遊舞母雙頰緋紅如雲，閃耀著激動和神聖之光。她們驚奇地回到她身邊。大樂遊舞母告訴她們：「在我見到他的那一瞬間，我的心中油然生起一種從未有過的歡喜的特殊等持。他一定是一個大菩薩！」

大樂遊舞母帶領五百名眷屬向他恭敬虔誠地頂禮。仙人隨即為她摸頂，當下，宿世以來得受灌頂的情景在她面前歷歷再現，灌頂時所獲得的智慧也全部顯發，並現量證悟了俱生心性。她將這一切傳授給五百名眷屬，所有的眷屬都成為大瑜伽母。她們均獲得了殊勝密意的證悟，各自擁有一至十地的不同境界。

自大樂遊舞母開始，業手印的傳承是這樣的：大樂遊舞母——大班瑪班扎——無肢金剛（吉祥豬舍）——中班瑪班扎——（海生）——中恩扎布德——扎仁搭拉——那布秀拔——給頤貢布——拔美多吉——歌薩拉班扎。

18. 大智者班瑪班扎

班瑪班扎是西方瑪日地方的人，為婆羅門種姓，圓滿通達大乘三藏的一切經論。他前赴鄔金地區學習外密續深廣殊勝的法要，並全部了達於心，成為一位名聞遐邇的大智者。他精進修持，成就了夜叉母、金丹術等共同悉地，但他還沒有證悟真如法性。班瑪班扎尊者來到鄔金的另一個地方，獨自一人日日夜夜唯一思維如同他每日與之相對的虛空一般無比深廣、奇妙而無有窮盡之真如法義。

有一天，他遇見了一位曾親見金剛薩埵的阿闍黎，後者為他灌了頂，並令他現見了自性實相。雖然他通達了手印灌頂智慧所詮釋的真如法性，但他常想：如果這種義理能夠在三藏裡找到教證是多麼好啊！他一直這樣思維，直到有一天，大樂遊舞母和成百上千名眷屬現身其前。空行母傳他四手印竅訣和以《密集金剛》為主的無上續部教言，他因此而證悟了甚深赤裸之義，獲得了大手印果位。經過十二個月的勇猛修持，又直取金剛持如來的果位。隨後，他為廣大眾生傳授了密法，鄔金地區的無量眾生獲得了共與不共的成就。他撰寫的論著有《密成論》。

19. 吉祥豬舍上師

無肢金剛出生於惡劣種姓之家，具殊勝因緣。阿闍

第三品 業手印受教傳承

44

黎班瑪班扎授予他無上教言後，十二年中，他一直在果登巴修行，雖然已經獲得了大手印的境界，但他的一切所作所為均要請示上師而後行。一日，他請上師開示未來的行持，上師為他授記：

「你必須依止養豬女，行持養豬的行為，這以後，你將獲得金剛薩埵佛的果位。」

在一個北方小城裡，他以低劣的養豬行徑度化眾生，為有緣弟子灌頂，在他們的相續中種下迅疾成熟之芽，他開示四手印教言，使他們獲得解脫的金色之果。人們稱他為吉祥豬舍上師。

他的弟子叫阿闍黎沙諾日哈（海生），國王種姓。世出世間的一切學問，無不通曉練達。他是一位大班智達，密宗前續部的精要他一一圓滿，聲名如經旗高懸，迎風招展，是該地國王的一代國師。

一天，他正對無量無邊的眷屬傳法，一個揀柴的老婦人彎腰佝背漸行漸至，來到他的眷屬身後。她一會哭，一會笑，一會笑，一會又哭。阿闍黎坐在高高的法座上，雖與她相距甚遠，但已然了知。他早早結束了講法，悄悄尾隨她到了她破爛不堪的家，他向她詢問原因。

她說：「我笑是因為你傳法時就像金剛持佛在傳法，我哭是因為你沒有按金剛持佛的密意傳。」

上師暗暗心驚，向老婦人恭敬作禮，請教：「您

能否解除我的疑團？究竟什麼才是金剛持如來的密意呢？」

老婦人說：「我不能解除你的疑團，你應該去找吉祥豬舍，他住在北方一個小城裡。」

阿闍黎不憚路途迢迢，來到了位於北方那個骯髒的小城，與吉祥豬舍在塵埃撲面的土街上迎面相逢。他的前面趕著一群咕咕叫喚的老豬，背上背著一大捆柴，與一個卑賤的養豬種姓的女人走在一起。當即，阿闍黎通達了眼前的景象：背上的木柴是熾燃之嗔心，他嗔心不捨，是自然清淨的標誌；雖與惡女一起，卻無有染與不染，是不捨貪心，自然清淨；豬代表癡心，他不捨癡心，住於圓滿清淨等捨的境界。

阿闍黎沙諾日哈立即當街叩拜，請求吉祥豬舍不吝賜教。見一個衣衫華貴之人攔路跪拜，吉祥豬舍怒氣沖沖，對他吼道：「我是一個惡劣種姓，大字不識的人，你這樣求教言是故意給我找麻煩，快給我走開，不要擋我的路！」

吉祥豬舍嘟嘟嚷嚷地趕著豬回到家——一座光線黑暗、齷齪不堪的豬圈，該城所有的豬都住在那裡，吉祥豬舍與他的女人也和豬住在一起。阿闍黎一直跟著他回到那氣味熏鼻的住處，他把頭靠在門檻上，堅持要留在那裡。半夜，豬們醒來，互相爭鬥，踩翻了吉祥豬舍的一盤形如豬食的剩食。上師被吵醒，喋喋不休地咒罵，

女人也醒來，用渾濁難辨的地方口音勸他離開。雖然這幅庸俗難耐的景象令人生厭，但阿闍黎卻不為之所動，很多天過去了，他一直睡在門檻邊。

一天早上，一線晨曦射進豬圈，上師睜開眼，看見了他，問身邊的養豬女：「門邊上那個到底是什麼人？他要做什麼？」

女人說：「他一直想要你攝受他。」

上師說：「這位是班智達，傲慢心很重，不堪為法器。」

阿闍黎預感到希望降臨，立刻趨至其前，頂禮膜拜，再三乞求。上師終於為他灌了頂，將所有的教言傾囊相授，並喚來他醜陋粗魯的女兒賜給他作明妃，要他依教修持。沙諾日哈尊者一邊做國師一邊無有散亂地修持，十二年後，獲得了大手印成就。

20. 火蓮上的黑魯嘎──阿闍黎沙諾日哈

阿闍黎帶著上師的女兒回到自己的國家，開始秘密行持禁行。後來，因為他無所顧忌地在眾人前公開與上師低俗醜陋的女兒成雙作對，世間眾人便因此而說道：「阿闍黎依止惡劣女人而變得不再清淨，國師不清淨國王也會變得不清淨，這樣，我們的國家會因為不清淨而被毀壞。因為不清淨來源於阿闍黎和他的惡劣種姓女人，所以最好把這兩人全都燒死，」

他們一再請求國王，為了國家不被冒瀆晦氣毀滅，務必要燒死此二妖孽，但國王卻一直躊躇不決。

一天，國王倚靠著雕木闌干眺望王宮的後花園，忽然看見國師和他的明妃從他的屋裡比肩走出。國王在那一刻下了決心，一定要對他們嚴懲不貸。

在城市中央的廣場上，人們把木柴堆成一個巨大的花環，把國師和他的明妃五花大綁地緊緊捆在一起，並放在上面，在他們的上面又堆放了木柴。市民傾城而出，如同盛大節日一般。他們點燃柴堆，七日中，大火熊熊，無有間斷，濃煙遮蔽了虛空和日輪，黑色煙雲籠罩了整個國家。第八日黎明，火滅了，廣場中央留下一個巨型灰堆，人們清理時，看見灰堆中央有一個小小的清澈湖泊，裡面盛開著鮮豔的蓮花，國師和他的明妃以黑魯嘎的身相坐在小湖中央一朵蓮花的花蕊上，身色嬌嫩，明光奪目。眾人奔走相告，深感稀有。自此，屋支雅那地方的人全部趣入佛門。據說，國王和他的五百名眷屬一起獲得了成就。

阿闍黎在瑪日時，有一個人在中午時分看見，熱沙裡有一棵孤立的椰子樹，在燒灼的沙地上留下了一席涼蔭。他知道那裡一定有勝土檀香，便在清涼的樹蔭裡挖掘，最後終於找到了一株檀香木，他把它供養給了尊者。

尊者想用此珍貴的勝土檀香做成黑魯嘎的佛像。但是，做佛像需要一個具有三十二種功德的蓮花種姓女人

作雕磨工作，如此禎祥之女實在難以尋覓，只有當地一持外道見解的國王王妃有此法緣。每晚，尊者通過等持勾招王妃，令她雕磨檀香。

一天，國王挽起王妃的手，發現她的手裂了，上面有水皰和新繭。國王吃驚地說：「愛妃，你過著快樂安逸的生活，為什麼這些天人也瘦了，手也裂了？你到底在做什麼呢？」

王妃說：「國王，你不知道嗎？每晚我都在一個山洞裡，一個尊者讓我磨檀香木，天快亮時送我回王宮。」

「他住在哪裡？」國王震驚地問。

「我迷失了方向，不知那是何方。」王妃說。

那天，國王決定就是一夜不睡，也要把此事弄個水落石出。可時至黃昏，國王心裡便開始癲狂，好似喝下了許多醇酒一般頭暈目眩。此時，王妃立即騰空而去。第二天早上，她不知又從何處回到了王宮。第二天，國王把裝有黃丹的口袋交給她，吩咐她在沿路散撒，王妃依言而行。第三天一早，國王帶著眷屬和衛隊沿著黃丹金色的痕跡一路追蹤，來到尊者跟前。

國王怒不可遏，正要讓士兵抓他，阿闍黎一手握持著閃爍異光的金剛彎刀，一手持一淨瓶，怒目以對。他雙目如炬，烈焰噴灼，盯著國王及其眷屬的面容。他們心驚膽戰，頓然間意識到他絕非常人。他們放下兵器，

在其足下頂禮。

上師說：「從今以後，你們要趨入佛教，否則我現在就砍斷你們的頭。」是日，國王與其眷屬誠惶誠恐，皆皈依佛門。

阿闍黎沙諾日哈建造了黑魯嘎殿堂。它森森然，神異凶險，加持巨大，對破誓言之人毫不留情，他們一見此佛像的面容，就會吐血身亡。後來大蕭有一支軍隊想要摧毀這座殿堂，派了十二個騎手前來，結果全部死亡。如今，這座殿堂還在，雖然滄海桑田，物是人非，可它神秘嚴厲一如從前。

阿闍黎利益了無量無邊的眾生，獲得黑班扎（忿怒金剛）果位。他的弟子中恩扎布德（焚燒他的國王）沒留下廣傳。（我的上師沒有講他的廣傳，只提了一點，下面在說到拉瓦巴尊者時將要涉及。）

還有一種傳承：中恩扎布德——巴瑪嘎拉——阿歌薩拉——小歌薩拉班扎。傳承的歷史以下有廣說。

寶源語第三品業手印受教傳承終

第三品　業手印受教傳承

第四品　光明教言受教傳承

21. 阿闍黎勝馬

　　阿多吉之伍（金剛鈴）在鄔金金剛空行母面前親獲教言，此處是從遠傳承而言的。

　　有一位獲得了大手印成就的大阿闍黎名叫勝馬，他住在鄔金地區附近的一個茅棚裡，修持光明不可思議等持。雖然他的茅棚周圍獸跡斑斑，人聲罕至，然而，他不拘形跡的瘋狂禁行卻令國中的人民無法忍受，詆毀之聲遍布上空，由風吹送到了他的茅棚。阿闍黎顯示神變，剎那間，鄔金的山河大地上漫山遍野都是野馬，牠們將所有的花園和田地裡的草全部吃光。國王和國民深感恐慌，他們四處趕馬，正要抓住牠們時，牠們又一閃而跑了。後來，大量野馬都消失無蹤，只剩下僅有的幾匹，都徑直進入了尊者的茅棚，追蹤而至的國王進去一看，茅棚裡卻一匹馬也沒有。這時，他們才知道這些馬都是尊者的幻變——他是一個大成就者。

22. 琵琶師本那巴

　　因為阿闍黎勝馬依靠神變飛往了非人之地，所以，國王等人只有從他的傳承弟子琵琶師本那巴那裡獲得教言。

　　本那巴是國王種姓，勝馬尊者賜予他稀有的灌頂和

教言。他問上師：「我可以捨棄國王種姓的一切：高貴的名望，鋪滿整個大地的金子，美妙的欲樂。可是，唯有琵琶之聲我無法捨棄，我該怎麼辦呢？」

上師授予他將心專注於琵琶之聲的教言，琵琶師一心專注於琵琶顫抖之弦聲，並由此而獲得了不可思議的悉地。

23. 釀酒女卜拉誰班扎

琵琶師的弟子——釀酒女卜拉誰班扎，又叫金剛美女，她釀製的酒風味獨特、甘冽醇美，為供給王宮的專用御酒。她十六歲時，大成就者朱布黑日嘎到該國闡演佛法，因國王信仰外道而未被調伏。朱布黑日嘎觀察到國王的釀酒女可以助他一臂之力，便去釀酒女那裡向她請教。釀酒女卜拉誰班扎說，「如果用毒蛇嚇唬國王，國王將會被調伏。」

當晚，上師入於三摩地，持咒作法，成千上萬條觸而中毒的毒蛇團團包圍了王宮。國王驚恐萬分，卻找不到一個歸屬依靠之處。

釀酒女說：「國王，外道不能幫助你，你應該祈禱阿闍黎朱布黑日嘎，只有他才能真正救護你。」

國王至誠地向阿闍黎祈禱，尊者從天而降，毒蛇很快趨入地下。國王和眷屬對佛法生起了猛烈的信心，自此，他們奉朱布黑日嘎為師，長期頂戴供養。

阿闍黎已知釀酒女卜拉誰班扎堪為法器，上師朱布黑日嘎和本那巴琵琶師均賜其灌頂和教言。她獲得修證的道相，成為瑜伽母。佛母拉吉嘎拉授予她大樂教言，布那巴尊者又傳授她不可思議法門的教言，她成就了光明金剛心瑜伽母的主尊，無量無邊的眾生因她而獲得了解脫。人們稱她為瑪支朵瑜伽母，她把心要傳給了阿多吉之伍，他就是金剛鈴尊者。

24. 吉祥智藏——蓮花般細微的線不能捆綁

阿闍黎吉祥智藏出生在屋之夏附近，為國王種姓。他在那爛陀寺出家，吉祥智藏是他的法名。後來，他成為一位名聞遐邇的大班智達。通過精彩絕倫的辯論，一舉挫敗了外道蓄謀已久的進攻，被人們稱為「勝敵天」，那爛陀寺也聘他為親教師。後來，他遇到大成就者達日嘎巴，後者賜予他灌頂和教言，授記他只有在鄔金地區才能成就。

他來到鄔金，見到瑜伽母卜拉誰班扎，她改弦易轍，不再釀製御酒，而是以養豬女的形象度化眾生。她以大貪欲的方式宣說大手印的真如妙義，吉祥智藏如雲散日出一般，內心顯現出覺性智慧的自性光明。而後，他到東方屋之夏那的森林裡修行，相續中生起生圓次第的殊勝證悟。

一天，當地國王去森林打獵，與他不期而遇。國王

見身為比丘的他風餐露宿，衣衫破爛，身無長物，沒有食物來源，便心生憐憫，迎請他到城中，接受人們的供養。比丘說道：「不應輕毀通達一切萬法的大智者，他連草尖許的微小財物也不能束縛。猶如口裡不斷流下美酒，口唇變成黑色的大象，以蓮花般細微的線不能捆綁一樣。」

阿闍黎說這話時，驕矜的國王認為比丘在諷刺他，頓生嗔怒之心。

「如果我有機會，」國王想，「一定要看看他是否像他所說的那樣，如果不是，看我怎樣輕毀他。」

國王回到城中，對國民宣布，「如果誰能讓森林裡的那位比丘還俗，我一定重重地獎勵獎勵他。」

一個賣酒女說她能。賣酒女有一女兒叫蓮花美女，具足一切法相。賣酒女去森林向比丘供養食物，然後把蓮花美女帶到森林，給上師做了明妃。十二年後，阿闍黎獲得了大手印果位。為了遣除市民的邪見，為了在未來眾生的福田中留下觀世音菩薩的石像，也為了廣弘金剛乘密法，尊者以神變幻化了一個男孩和一個女孩。國王聽到這個消息，認為等待已久的時機已經到來，便對賣酒女說：「現在，你去請上師一家到城裡來。」

那天，城市東門聚集了無數市民，從森林到城市時，沿途擺放了很多酒瓶。上師的明妃拿了一個角器，一路上，她把所有酒瓶裡的酒都倒進角器。它的另一頭

仿佛連著一個無底洞，始終沒有漫溢。兩個孩子宛如天仙，男孩在右，女孩在左，一路跳跳蹦蹦，歡悅無比。當他們一行人來到東門時，所有聚集在那裡的人開始搖動身體，唱著一首歌：「不應輕毀通達一切萬法的大智者，他連草尖許的微小財物也不能束縛。猶如口裡不斷流下美酒，口唇變成黑色的大象，以蓮花般細微的線不能捆綁一樣。」

他們又一邊拍巴掌，一邊唱著順口溜：「國王請，請不來；賣酒女一請他就來。請問究竟是為什麼？」

尊者把角器擲向空中，它在空中翻捲之後，猛地扎到地上。大地被扎破了一個洞，泉水從地孔中向外噴湧。阿闍黎和他的明妃搖身變成黑魯嘎雙身像，男孩女孩變成金剛鈴和金剛杵。他們手持金剛鈴杵向上騰空，此時，孔中冒出的水已越升越高，很快就要將國王和他的臣民淹沒。他們驚慌失措，祈求上師原諒，上師讓他們祈禱觀音菩薩，念「南無羅給夏繞雅」。此時，水中現出觀音石像，泉水環繞觀世音石像右饒七匝，而後，旋轉入於地孔之中。從此，阿闍黎在鄔金地區廣弘金剛乘究竟深廣的法要，無量眾生因他而抵達了自在彼岸。

25. 氈衣師拉瓦巴

拉瓦巴是在阿闍黎日諾沙哈面前聽受的教言。

拉瓦巴是一位王太子，他在鄔金地區遇見了金剛鈴

尊者，尊者在輪戒續等密法的壇城裡為他灌頂。拉瓦巴依照上師的秘訣，晝夜無間地修持，終於獲得了殊勝的覺性智慧。他前往西方鄔金空行聖地，外道空行母紛至沓來，向他獻上了五色花鬘，他接受了花鬘。此時，佛教的空行母繽紛而至。

「你這樣接受她們的花鬘很不妥當，」她們說：「她們是外道的瑜伽母，如果你接受她們的花鬘，你就要跟她們走。」

拉瓦巴尊者說；「希望你們能保護我。」

空行母說：「我們曾約法三章，誰接受外道或內道空行母的花鬘，誰就必須跟她去。」

入夜以後，上師深入瑜伽三昧。夜過三巡，空中響起爆裂聲，拉瓦巴尊者從定中驚覺，見到頭頂上方的虛空中，外道空行母正向他拋撒石雨。他迅疾進入生起次第修持護輪，石雨不知飄落何方，並沒有傷害到他。他想，既然生起次第都有如此力量，我更應該向她們顯示圓滿次第的威力。他入於無相等持，正在撒落的石頭霎時都停在了半空。至今，那些磐石，以及如明鏡一般光滑的，表面粘有小石頭的岩石依然無有所依地凝固於空中。外道空行母加害尊者的企圖未能成功。

後來，阿闍黎以化緣的行為坐在城門邊時，經常遇見該國的國王。每次，國王都要問上師一個問題，上師一直不予回答。有一天，國王惱羞成怒，說：「你這個

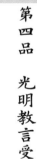

一問三不知的愚笨比丘！為什麼還要這樣來來去去？還不如一睡不醒好。」

聽了國王的話，上師就在國王的王宮前一覺睡了十二年。任何經過的人如果沒有向這位比丘頂禮，他的腿就會因僵硬而無法邁步。包括國王，所有人經過他面前都必須向他頂禮。十二年後，他大夢方醒。國王問他為什麼一睡十二年？他說：「不是大國王您叫我這樣睡的嗎？國王難道忘了！」國王和臣民對阿闍黎的信心油然生起，最終都無餘趣入了無上密道。這位國王就是中恩扎布德。

尊者在尸陀林行持禁行時，鄔金地區五百名持咒母尋覓而來。持咒母，梵音曼扎巴德，意為具有俱生咒和加持咒能力的魔女，其詛咒百發百驗。她們四處尋覓，見尊者的住處只剩下一件毡衣，除此之外，一無所有。

魔女說：「嗚呼！這位比丘將自己的身體幻變成一件毡衣。我們最好把它切成一片片，然後把它吃掉。」

她們把尊者的毡衣切成五百小片，一一吞進肚裡。這時，上師忽然現身其前，他金剛怒目，對她們發出詛咒，五百名持咒母瞬間變成了五百隻母羊。母羊們嗚咽著跑到國王面前，異口同聲說，「我們本是持咒母，尸陀林有一個比丘把我們變成這個樣子，請國王一定要降伏他，還我們真身。」

國王來到尸陀林，見上師赤身裸體。「你們國家的

持咒母將我的毡衣吃得一乾二淨，」他對國王說：「請你把她們給我全部找來。」

除了三個持咒母外，其他持咒母全部來到上師面前。阿闍黎用契克印對她們挨個一指，她們當即變成了各種頭像的動物。上師命令她們吐出毡衣的碎片，她們一一吐出之後，尊者將碎片一片片進行縫補。

「還差一點，」上師說，「還需要三個，她們在國王的王妃當中。」

國王派人把她們找來，她們也如前吐出毡衣的碎片。阿闍黎把它們補綴成一件完整的衣服，並穿在了身上。自此以後，他被人們稱為至尊拉瓦巴（毡衣師）。

26. 中恩扎布德國王──最殊勝的梵淨行者

國王由此而對尊者生起了穩固不退的誠信，他奉阿闍黎為師，並精勤供養。上師為國王灌了頂，國王謹遵師諭不懈修持，終於淨除了相續的粗細之業，次第成就了共與不共悉地。

拉瓦巴上師住在一座深山的岩洞裡，於十二年中修持無相等持，恆時安住於不可言說的智慧光明密意中，以光明道利益眾生。眾人譏毀他，說他是旁門左道，無有師承。國王則每日與五百名王妃過著快樂的王宮生活，人們對瑜伽士國王的荒淫無度也嗤之以鼻。

一天，國王把一個裝滿了熱菜的葫蘆交給一個王

妃，說：「在葫蘆裡的菜還沒變涼以前，你把它供養給上師。」

王妃說：「尊者住在很多天路程以外的地方，這菜怎麼可能不涼呢？」

國王說：「不要擔心，我有辦法，你只要閉上眼睛，說，『如果拉瓦巴尊者斷除睡眠的苦行是真實的話，希望我即刻到達果登巴山的岩洞裡』。」

王妃將信將疑，閉上眼，她說：「如果拉瓦巴尊者斷除睡眠的苦行是真實的話，希望我即刻到達果登巴山的岩洞裡。」說完，她睜開眼，尊者已在眼前。上師正在為弟子傳授教言，她在一邊等了很久，才把葫蘆供養給上師。尊者吃完了大部分菜，只剩下一點，還沒涼。他把它交給王妃。

「趁著這個菜還沒涼時，你把它交給國王。」尊者說。

「這裡離王宮有十二由旬遠，」王妃說：「怎麼可能在這菜沒冷之前交給國王呢？」

上師說：「請你這樣說，『國王是最殊勝的梵淨行者。如果這句話是真實的話，就以諦實語的威力，讓我立刻到達國王面前。』那時，你就會站在國王面前。」

王妃想，這位阿闍黎說得多麼奇妙啊！但是，誰會相信這和現實相違背的話呢！她別無選擇，只有依言宣說。須臾間，她已站在國王面前。

此時，國王正在成千上萬的市民中間。王妃驚喜莫名，對國王講述了整個事情的經過。她拿出曾到過尊者山洞的一些憑證：果登巴山洞的赭石、芝梧河紅黃色的河水、屋洛山上的名貴藥材，甘扎卡森林中的三果：訶子、毛訶和餘柑子，以及餘柑林中的三果，芝梧湖裡的蓮花等等。

眾人無不訝然而深覺稀有，這時，他們才知道國王是一個卓越的成就者。毹衣師拉瓦巴和國王授予鄔金地區的人們趣入深義的教言，那裡的絕大部分人都證悟了無說之義，成為瑜伽士和大成就者。雖然鄔金地域遼闊，但因成就者眾多的緣故，所以已呈現出人跡稀少、幾乎成空之勢。

上面的公案與藏地的《沙哈繞思德論釋》裡的公案稍有不同，但與佛經中普救的公案卻是一樣的，只是中恩扎布德變成了拉瓦巴，所行持的行為卻是一致的。

在如今藏地《俱成論釋》的一些版本裡，並沒有上述公案，看來，印度的有些版本裡也沒有。本來在印度，將有些論典裡的義理引用到其他論典，只是詞句長短有所不同的情況非常普遍。《青史》中所說的那些破立，並沒有任何實義。

第四品　光明教言受教傳承

寶源語第四品光明教言受教傳承終

第五品　光明大樂教言受教傳承

27. 十字路口的禪坐者──乍南達日巴

在阿闍黎中恩扎布德和拉瓦巴面前，乍南達日巴尊者聽授了光明大樂教言。

尊者降生在西方聖達一個叫繞拓扎的城市裡，雖然為貧民種姓，卻福報巨大，家財萬貫。後來他出家，在一家寺院受比丘戒。他在拉瓦巴尊者面前聽授教言時，虛空傳來聲音說道：「你應該到鄔金地區去修持，在那裡你會得到所欲的成就。」

到了鄔金，尊者在中恩扎布德、明妃拉吉嘎拉和阿闍黎嘎扎巴塔面前，聽取了如海的續部教言。有一次，他在大尸陀林修行時，現量目睹了黑魯嘎壇城，許多金剛空行母賜予他灌頂，他當下獲證大手印成就。之後，他長期住在鄔金地區，饒益了無量眾生。

後來，尊者來到果登巴繞城，人們把他與眾不同的行徑當作飯後茶餘的笑料，在很長時間裡，尊者未作任何表示。

有一天，城中三個地位顯赫的人物挺胸凸肚地走過一個十字路口，見阿闍黎在那裡坐禪，他們不由得瞠目結舌。

「這個瑜伽士是一個盲人。」三人中的一個說道。
「這不是瑜伽士，他是個啞巴。」另一個說。

密宗大成就者奇傳

「不，」第三位說，「這只是一具死屍。」

尊者不動聲色地說道：「願你們成為你們所說的那樣。」

話音剛落，那個說尊者是盲人的人眼睛瞎了；說尊者是啞巴的人發不出聲來；說尊者是死屍的人則倒地身亡。人們又驚又懼，這才知道他並不是他們所以為的裝模作樣的瑜伽士，而是所欲自成的大成就者。三人的親屬聞訊趕來，滿懷悔恨地向尊者懺悔，祈禱阿闍黎對他們慈悲哀憐，尊者這才使他們恢復如初。

後來，阿闍黎住在乍南達日一個石頭和水都燃火的地方，從此，他的名字被稱為乍南達日巴。

尼泊爾一座天然佛塔的附近有一個大自在的相（標誌），它神秘匪測，變化多端，如有人在它面前以堅固的信心進行祈禱，就能獲得眼通，並立馬成就細微的懷業、增業，尤其是誅業。它的存在對那裡的佛教造成了很大的損害。阿闍黎為了調伏該地的外道，便動身前往尼泊爾。

那天，正在這座標誌物前虔敬供養的有包括三個國王在內的成千上萬的人。尊者來至其前，用契克印一指，這座大自在的標誌物當即倒塌，阿闍黎對它吹一口氣，它立即化為齏粉。人們見到他卓爾不群的行為，知道他是一個大成就者，便紛紛頂戴禮拜。

後來，尊者來到瓦拉那，那裡有一個邪見如山的野蠻國王毀壞了很多經堂。上師在王宮前搖身變成一個琵

琶師，並要求衛士稟報國王，說有一位琵琶師請求為國王獻歌，國王欣然開許。

阿闍黎乍南達日巴懷抱琵琶，走到國王面前，國王的嬪妃和所有王公貴族都為之側目。他的歌喉美妙婉轉，琵琶之聲蕩漾心扉，國王和眷屬們既驚且喜。琵琶師向國王等人作禮告辭以後，轉眼間變成了瑜伽師。國王說：「這些佛教徒也會用魔術誘惑別人。」

尊者正義凜然，讚歎佛教，叱責外道和國王。國王勃然，下令砍他的頭。衛兵們衝上去用兵器砍他，可他的皮肉之頸像金剛一樣絲毫無損。緊接著，又有五百人去抓他，他的身體仍然如山一般堅固不動。他一拍手，清脆洪亮之聲立刻令半個王宮轟然開裂，他略帶睞縫的目光掃過人群，國王的眷屬就有一半人僵直不動。大家驚恐萬分，國王連忙在其足下頂禮懺悔，並問尊者自己該怎麼做？

尊者說：「如果你想懺悔罪業，就必須修葺兩倍於你所摧毀的經堂之數，還要培養兩倍的僧團，不僅你自己要在有生之年供僧，而且包括你的太子及太子的太子等七代子孫也要供養僧眾，並用黃銅書寫經函。」

國王「唯唯」應諾，依教奉行。

28. 酷刑國王巴拓哈日

有一個地方叫馬拉瓦，國王名為巴拓哈日（梵

語），方言叫巴繞拓日。國王有十八萬駿馬和一千名王妃，富甲天下，無憂無慮，縱情享受著快樂的王宮生活。阿闍黎乍南達日巴知道調伏他的時機已經成熟，便住在城郭外等待機會。

入夜，有許多盜匪前來，對上師恭敬轉繞，然後潛入城中，翻牆跳梁，雖然遭遇了無數驚險，卻所獲甚豐。驚魂未定他們相聚一處，首先喜出望外，然後又歎息道：「我們能手到擒來，沒有遭遇任何損害，完全是因為這位阿闍黎的威神之力，我們應對他行供養。」

於是，他們用珍珠項鏈等價值昂貴的贓物對其做了虔敬供養。

消息傳開，有人將此事稟報給了國王。國王派人暗中詢查，果然在阿闍黎的住處發現一些可疑的財物。他們認定上師是盜賊，便把他帶走，並交給國王。國王未經審察，便用鐵戈由下而上，穿入尊者的身體。白天，阿闍黎被插在鐵戈上，無法動彈；夜深人靜之際，他便從上面下來修持禪定，就這樣堅持了七天。

七天後，國王來到牢獄，當他目睹尊者一邊身在鐵戈內，一邊折斷兵器，全身完好、若無其事地從尖矛中出來，悠然去河邊沐浴的情景時，立即汗如雨下，連忙到尊者前懺悔不止，並懇祈尊者慈悲攝受。

「我可以賜你教言，」尊者說：「不過有一個條件，你要放棄王位及國政，做阿瓦達底（苦行者）

人。」

國王捨棄了王位，如影隨形般地跟隨在阿闍黎身邊。尊者授予他尊貴稀有的教言，他勇猛銳進，不久便成為一位身心自在的大瑜伽士。後來，他和五百名眷屬共同飛往空行剎土。

在這以後的大多數時光裡，尊者用稚童行為利益眾生，人稱巴勒吧嗒，意為「稚童尊者」。

29. 果布占扎──活埋「哈之瓦」上師

一日，阿闍黎乍南達日巴觀察到度化東方眾生的因緣已經成熟。便在班嘎拉（巴基斯坦）一個叫扎之扎瑪的城市路口，以「哈之瓦」（乞士）的形象住在那裡。當地的太子叫果布占扎，剛登上王位不久。他迷戀於自己的美色，如同那位愛戀自己水中面影，投水而死的希臘天神一般，他日日美衣華服，端坐鏡前，對鏡中人兒楚楚端詳。

一日黎明，國王的母后看見尊者來到國王的果園，坐在果樹下，以梵語說道：「娜日給拉不嘉阿蘿。」話音剛落，樹上所有的鮮果都飛到上師面前。尊者享用了它們的精華之後，又說道：「娜日給拉厄巴拉珠禾。」鮮果們又回到各自的枝頭上。

王母目睹此景，知道他是一位成就者，心中生起一絲希望，不由得暗想：只有他才能調伏國王。

密宗大成就者奇傳

65

一天，王母在兒子前雙淚暗垂。國王從鏡子裡看見，吃驚地問道：「母后，你有何不幸？能否告訴於我？」

王母說：「你父王無論從相貌、勢力和智慧上都超過你十倍，但也顯示無常。你雖說青春韶華，也是不離死亡啊！」

國王問：「那麼，這天底之下，不死之法究竟有沒有呢？」

王母說，「我們的『哈之瓦』一定有不死之法。」

國王聽後，便親自到「哈之瓦」棲身的路口拜訪，奉上厚禮以後，說道：「聽說你有不死的教言，請一定傳授於我。」

尊者說：「雖然我有不死的教言，但如果你不捨王位就不能成功。」

國王說：「我先求教言，再捨王位。」

國王和「哈之瓦」漫步走入寂靜之林。尊者從懷裡掏出一個空瓶，遞給國王，要求國王把手放進瓶裡。

「你快快告訴我，」尊者說：「瓶子裡面有什麼？」

國王說：「什麼也沒有。」

尊者說：「這就是無死之道。」

國王連續追問三次，尊者連答三次。國王胸中的怒火開始蔓延，他想：這個一文不名的「哈之瓦」原來是

個狡詐之徒，專門以此種方式詐騙錢財。自己身為一國之君，居然奉他為上賓，還差點拋棄王位，跟他流浪。

隨後，他把「哈之瓦」埋進一個深洞，洞口用大象和駿馬的糞糊嚴，並種上荊棘。

事實上，尊者示現兩種相：一個是乍南達日巴，以捨世者的行為利益眾生；另一個就是在班嘎拉現的「哈之瓦」相。

後來，那布秀拔（黑心）前往南方的嘎拓樂吉扎，意為水木田，當地人叫嘎之拉。他的弟子見沿途有很多瑜伽士在小憩，便叫道：「起來，快起來，大阿闍黎那布秀拔到了！」

所有人都聞訊而起，只有一個叫果加拉的人沒有起來。那布秀拔經過時，注意到了他。果加拉問道：「你的上師是誰？」

那布秀拔說：「乍南達日巴尊者。」

果加拉說：「乍南達日巴？國王果布占扎已經把他埋了十二年了。」

大阿闍黎那布秀拔聽說後，立刻和他的一千四百名眷屬掉頭前往東方，在國王果布占扎的王宮前安營紮地。因為他們來者不善，因而使空氣中彌漫著褪晦和不祥。王宮裡的樂器不再發聲，駿馬和大象也不吃草，嬰兒不再喝奶。人們猜測這都是大阿闍黎的神威所致。國王親自迎請，用低微之聲問道：「我想請上師和眷屬明

密宗大成就者奇傳

天來王宮應供？不知尊者是否賞光？」

尊者說：「我有一千四百名眷屬，恐怕你們無法滿足。」

國王說：「我有幾十萬士兵，我可以供給他們所需，為什麼不能滿足你的眷屬呢？」

尊者說：「我有兩個弟子，一個叫馬赫樂，一個叫巴塔拉，他們明天先來，請你先滿他們的願。如果你能滿足他們，我們再來。」

國王為他們準備了五百馱米飯和菜肴，他們把飯菜全部裝進了一個寶葫蘆，都還沒有裝滿。國王不由得驚歎前所未有，他拜揖尊者，請求不死之道。尊者拿出需要十二頭大象馱的壇城資具，在壇城中為國王灌頂。上師又將以前「哈之瓦」的開示之道傳授給了他，國王非常驚訝，對尊者說：「這個教言我以前也聽過，一字不差。」他向上師詳述了從前在「哈之瓦」面前聽授教言的前後經過。

「你既然做出了這樣的事！又怎麼可能獲得無死成就呢？他就是我的上師乍南達日巴！」

阿闍黎那布秀拔怒目橫豎，雷霆萬鈞的威力令天空旋即昏暗，霹靂與驚雷就要在他們頭上炸響。國王雙腿戰慄，無法支撐身體。上師望了一眼天空，歎了一口氣，說道：「有一個方法，就是用八種珍寶混合的紅銅，畫三張國王的像。」

尊者洞口的雜草和荊棘生長得異常茂盛，阿闍黎的弟子們把它們清除一淨，將一張國王的像放在上面。隨後，上師讓國王對乍南達日巴尊者頂禮。此時，地底下傳來一個聲音，仿佛來自另一個世界。

上師「哈之瓦」說：「這是誰？」

國王匍匐在地，全身骨頭因戰慄而發出碰撞的聲響。許久，他答道：「國王果布占扎。」

上師說：「卜之瑪。（梵語：願屍體變作塵土）」

國王的像頓時變成灰塵。那布秀拔上師的弟子上前，放上國王的第二張像。國王回頭看著阿闍黎，阿闍黎用目光示意。國王再次五體投地，向洞裡的「哈之瓦」頂禮。

「這是誰？」「哈之瓦」又問。

國王的聲音幾乎在哭泣：「國王果布占扎。」

上師說：「卜之瑪。（願屍體變作塵土）」

第二張像瞬間碾作灰塵。

弟子們放上的第三張時，也與前兩張像一樣，當它碎為糜粉時，忽然來了一股風，將國王「屍體」變作的塵土席捲而去。此時，國王已面無人色，心臟如同要爆裂一般。

此時，「哈之瓦」翩然已在洞外，那布秀拔帶國王到「哈之瓦」跟前懺悔，可上師並不看國王一眼。

「弟子嘎那巴（那布秀拔），」他說：「你有多少

弟子？」

阿闍黎回答：「一千四百個弟子，上師。」

上師說：「既然如此，我有很多繩子①。在這十二年裡，我沒吃沒喝，現在又飢又渴。明天讓你的兩個弟子沐浴後過來，我要吃掉他們。」

第二天，那布秀拔讓七十個弟子沐浴，沐浴後他們全逃之夭夭，只剩下達瑪巴和敦瑪巴，兩人被帶到尊者前。他們脫下衣服，拿起寶劍，恭敬地稟問道：「乍南達日巴尊者，你喜歡吃我們身上哪個部位的肉呢？」

尊者大笑：「哈哈哈哈！我是持戒之人，怎麼會吃人肉呢？就像魔術師一樣，你們給我離開吧！」

上師將兩手分別放在兩人的頭頂上，剎那之間，上師的大樂智慧與等持流入他們心間，兩人當下獲得殊勝成就。

之後，國王對兩位尊者長期依止，逐漸遣除了心的垢染。國王做施主，他們又在六個月中舉行了廣大薈供。後來的有一天，乍南達日巴尊者在國王面前引吭高歌，他的金剛道歌空曠、哀婉、通徹天宇，字字珠璣，那一刻，國王和一千名眷屬的分別念徹底清淨於無生法界之中，他們認識了心的本性，遠離取捨無二安住。隨後，他們全都拋棄了國政和家庭，成為捨世者形象的大瑜伽士。

第五品　光明大樂教言受教傳承

---

①繩子：此處用繩子似乎與文義有點不相符，望詳察。

30. 不願見弟子的班達哈日

有一個國王叫班達哈日，是果布占扎國王的舅舅，他住在乍南達日山的山洞裡，不願和弟子見面。許多愚笨的弟子執著上師就是他的色身，他們聚集在他的山洞周圍，希望能看到他。一天，上師一邊念著「吽」字，一邊陡直穿出山洞，升入虛空而去。空中傳來「我以後還要六次來人間」的聲音。這座山洞迄今仍具有極大的加持力。

31. 加納歌巴塔──從法座上消失

南方冉瑪夏拉附近的森林裡出現了一座魔女的天然石像，那裡常年聚集著很多空行和食肉魔，攝奪過路人的魂魄。

一次，五百商人和一名瑜伽士經過那座森林，時至日暮，樹梢漸暗，凶煞之氣徐徐而來。忽然，森林裡出現了很多婆羅門和女人。他們問商人：「你們晚上是住在這裡還是到別處去呢？」見商人們猶豫不決，他們又接著說道：「天已經晚了，還是住在這裡好。這裡草木俱全，沒有野獸和毒蛇的危險。」

五百商人決定住下來，他們每人住在一棵樹下。剛坐下歇息，森林裡出現了兩個女人。

「讓你們住在這裡的意思你們懂不懂？」她們問商人。

密宗大成就者奇傳

商人說：「我們不懂。」

「讓你們住在這裡的是空行魔女和羅剎，天一黑，他們就會來捆綁你們，把你們全部吃掉。你們趕快想辦法吧。」說完，這兩個女人就在眾目睽睽之下不見了。

五百個商人慌作一團，開始哭泣。那一名瑜伽士是乍南達日巴的傳承弟子，他聲嘶力竭地祈禱上師。一會，來了一位行腳僧人，在他們中間住下。人們爭先恐後地將情況告訴他，希望他能出一個主意，可他什麼也沒說。

天剎那黑了下來，魔女和羅剎開始出現，他們各自帶走一人，來到天然魔女石像邊，準備大開喜宴。此時，行腳僧人邊念「啪的」，邊跳金剛降魔舞。他威武轉繞的身姿令森林之木相繼斷裂；他的腳踏在地上，大地搖動，發出隆隆低聲。魔女和羅剎全部昏厥倒地，魔女像裂成三瓣。僧人隨後下令，不許空行魔女和羅剎今後再殘害眾生。他們無有選擇，只有承諾。此時，行腳僧人轉身現出乍南達日巴尊者之身影。五百商人在歷此生死劫難之後，全部拋棄經商生涯，跟隨尊者成為瑜伽士。上師傳授他們甚深修持法門，五百商人均獲得悉地。

據說，阿闍黎在南方住了三年，饒益了無量眾生。當年他傳授的教言匯編成許多書函。後來在西方瑪日，上師加納歌巴塔對很多眷屬宣說大乘經義時，人們身後

出現了一位稀有的瑜伽士，他從容莊嚴，不語自威。上師不由自主地停下，問那位瑜伽士：

「你是誰？」

「我是乍南達日巴。」瑜伽士說。

聽到這個名字，加納歌巴塔上師相續中湧現了一個個困擾他的問題，它們在他心裡盤桓許久，一直無人解答。他心裡默默地問他，瑜伽士一一回答，猶如遊蛇從蛇蛻中解開一般，上師心靈天空裡的雲層一掃而光，萬里晴空明光耀目。他生起極大信心，心中猛烈祈禱，瑜伽士拿出一個裝著甘露的托巴遞給上師，上師一飲而盡，當下就從法座上不見了。上師的眷屬目瞪口呆，瑜伽士拂身欲去，剛失去上師的僧人們苦苦挽留，再再祈請，尊者留了下來，在那裡住了三個月，授予他們教言。當時，那裡的出家人和居士共有一千人左右，都堪為金剛乘法器。尊者對他們授記道：「如果你們在三年中秘密修行，三年以後，就可以通過密宗的行為任意享用生活，並會全部獲得成就。」說完，尊者就不見了。

尊者在西方瑪日現真實身分的消息傳到了東方，六位瑜伽士星夜兼程地向瑪日趕來，他們走進加納歌巴塔上師曾經座無虛席的殿堂，可乍南達日巴尊者和加納歌巴塔上師一樣，已在眾目睽睽之下消失了。

六位瑜伽士苦苦留守，日夜祈禱，淚水縱流，懇祈尊者憫懷他們千里求道不遇的境況，希望尊者能現身賜

密宗大成就者奇傳

予解脫之道。六個月後，尊者感其赤誠，再次現身，傳授了他們開啟秘密寶庫的教言。

又過了七天，有一位聖達巴聲聞來到他們的殿堂，口說偈曰：「何人喜尋伺，何人真比丘，何人年衰邁，與彼不傳教。」說完，他也不見了。

隨後，加納歌巴塔上師的殿堂又來了很多聖達巴聲聞，他們在寺廟裡住了下來。曾聽授過乍南達日巴上師教言的那些比丘秘密修持三年之後，浪跡他鄉，行持密宗的行為，聖巴達聲聞們對他們惡言誹謗。然而，時隔不久，他們每人均取得了不同的成就，在他們超越心境的行境前，謠言隨風而逝。此時，六位來自東方的瑜伽士已獲得無死悉地，他們中的長者叫布布德達巴，曾到過藏地，布敦仁波切在他面前聽授過法要。據說這位阿闍黎還將再來人間四次。

在乍南達日巴上師星星一般眾多的大成就的弟子中，如日月般的兩位分別是那布秀拔和益西夏（覺智足）。此外，還有大成就者丹扎巴、小布日巴、國王巴塔巴和果布占扎等無數弟子。

32. 佛陀授記的那布秀拔

乍南達日巴尊者的大弟子那布秀拔，《時輪金剛續》後品中這樣授記：「帶有卡張嘎（天杖），骨飾，名為黑色。」

藏地學者認為他降生在嘎那繞，但在如今的印度瑜伽士的口語裡，他的出生地被讀為「布大雅日那嘎繞」。事實上，這兩個地名是一個地方，只是古代印度的方言不同而已。我的上師說，他是婆羅門種姓，印度的口語中也如是稱呼他。雖然藏地古代學者認為他出生在貴族世家，但阿闍黎自己在道歌中這樣唱道：「接觸而行婆羅門者」，這句話也表明他是婆羅門種姓，這樣說應該比較合理。

佛陀曾親自授記，尊者在厄日不下。我上師說，厄日不下在班嘎拉附近。人們公認的黑怙主的化身——繞秋日翻譯的《馬哈嘎拉續》中這樣說道：「地方乃厄日不下，具精進之大士，與繞瑪耶的教相應，第一部一字加第一元音，第七部第四字，名字稍帶童子相，此瑜伽士已獲於贍部洲空前絕後之大成就，其六弟子棄肉身獲大手印。」

由此可見，續部中已宣說了他所在的地方、名字、所獲的成就以及弟子等等。至於阿闍黎的生平簡介，可以參閱他的傳記。佛授記的六位弟子分別是：桑布夏（妙足）、馬赫樂、巴塔拉、沙彌聖布瓦、達瑪巴和墩瑪巴。

有些智者認為巴塔拉和扎布桑巴是一個人，艾雅拉論師也持上述觀點。那布秀拔上師的瑜伽母弟子有梅凱拉、嘎那嘎拉、班德芭等。這些都是在他住世時就獲得成就的。還有大臣歌夏那塔、國王勒勒占扎巴美多吉、

王子拉瓦耶等也成為身心自在的瑜伽士。婆羅門巴等等，則是尊者離世以後得見尊者並獲得成就的。

那布秀拔的傳承是這樣的：

那布秀拔——巴扎巴——阿塔勒巴——小那布秀拔——布日巴——布巴羅丹（藏地）——小歌薩樂班扎。

另一個傳承是：那布秀拔——歌雅巴——扎布桑巴——得洛巴。

在很長一段時間裡，扎布桑巴一直用神通尋找曾對他上師製造違緣的空行母薄荷日，但他一直未能找到她。後來，他得知她藏在一個叫德衛果扎的地方，躲在一種叫芯卜拉樹的樹心裡，變作一個不可分割的微塵。他用神力將她強行取出，用寶劍把她制伏。

但藏地學者認為這個傳承應該是：那布秀拔——扎布桑巴——歌雅巴——安達巴——得洛巴。我上師對此雖未表態，但從世間和傳承結合起來的角度看，這種說法也是合理的。

秀拔瓦也即給頤貢布，這位尊者邊做大臣邊修行，已經初得神通。有一次，他正在王宮與國王議事時，以天眼遙見一隻貓正在舔他家佛堂的酸奶罐，他立即做手印制止了那隻貓。國王問他發生了什麼事，他告訴了國王。國王這才知道他非同一般，並開始對他常行供養，恭敬有加。後來國王也成就了五通，大臣秀拔瓦則成為大自在瑜伽士。

33. 芝麻坊主得洛巴

尊者得洛巴在給頤貢布前獲得傳承。

得洛巴出生在東方正扎果巴城，種姓婆羅門，長大後精通婆羅門經典。一次，他去他鄉化緣，經過一座殿堂時，見僧人們正聚精會神、悄然無聲、如飢似渴地聞思佛法。神聖之光注入他心間，宛如無比莊嚴的山巔，他喜極欲泣。

得洛巴於是出家為僧，他深入廣闊浩瀚的真如之海，經律論三藏皆悉數通達。在莊嚴壇城中的兩位傳承上師前，他得受了無上灌頂與一切教言。之後，他長期不懈地修持，智慧如薄雲散盡的夏日虛空一般明朗。他現量見到無以數計的成就者，向他們請教細微藏結，他們為他一一指點了迷津；他經常見到黑魯嘎和空行母，他們的加持令他的因緣與智慧日益增上。後來，因他接受了一位榨芝麻的瑜伽母，而被屏除出僧團。

得洛巴和芝麻女住在城中，每天一起榨芝麻。從前，他是婆羅門、比丘和班智達，此時，他名譽掃地，利養全無。他成為芝麻坊的主人，他們的芝麻坊破敗不堪，頂棚的茅草隨時會被季風席捲。人們叫他得洛巴，意為「榨芝麻」。他每天去芝麻地裡，或佝腰彎背，或坐在地頭，一絲不苟地清除雜草、培土和施肥。

萬籟寂靜之際，鄔金等地的空行母在他前方的虛空中紛然呈現，並授予他教言。在榨芝麻的過程中，就像

密宗大成就者奇傳

芝麻裡漸漸滲出油來一般，他身體力行上師的竅訣，俱生智慧之光日益皓明，他的一切所為皆成為直指心性的自我教言。後來，他獲得了殊勝成就，時常飛往各如來剎土，親睹十方諸佛的慈顏。

在城市繁雜的貿易市場上，得洛巴尊者即興唱著金剛歌，他要把他內心的證悟通過或蒼老或悠揚入雲的道歌傳給眾人，可人們卻半信半疑。

一次，在班嘎拉城，尊者和他的明妃升入一人高的虛空中，他們一邊榨芝麻，一邊唱著金剛歌。成千上萬人聞訊而來，他們向他提出各種疑問，每一個問題他都用一首金剛歌來回答。很多人證悟了道歌之意，趨入如來行境。從此，人們稱他為大成就者得洛巴。他長期弘化一方，饒益眾生。後來不捨肉身，前往清淨空行剎土。

他的主要弟子有盧比多吉（金剛遊舞）和那洛巴。

金剛遊舞的故事我上師在這裡沒有宣說，因為在麼占卓嘎的全集裡已經有金剛遊舞的傳記了。在瑪朵派和布讓羅瓊派的《時輪金剛》，以及夏巴派的《喜金剛》歷史中，果達瑪巴卡雅也是得洛巴弟子中的佼佼者。

34. 那洛巴——為師堪得人憔悴

那洛巴出生在克什米爾，婆羅門種姓，很小就成為外道班智達，後來他學習外道密宗，捨棄婆羅門之行做

了阿瓦達底（苦行者）人。一次，他走進一個賣酒女家，她家正坐著一個小僧人，那洛巴威嚴的相貌令他心慌意亂、坐立不安，他無法忍受，從賣酒女家中逃了出去，慌亂中遺忘了一本佛經。那洛巴隨手翻閱了那本佛經，聞所未聞的見解立刻使他感覺猶如晴空霹靂、醍醐灌頂一般。自此，他對佛法生起了不可動搖的信心。

他來到印度中部，在佛教教法中出家為僧，成為一名大班智達。他在那爛陀寺和布扎瑪西拉寺護守寺廟北門，制伏外道的進攻，並為他們闡演佛法，引領他們趨入了無上菩提大道。

那時，他的心連擠一次牛奶的時間都無法安住，後來，他開始修「勝樂金剛」，空行母紛然而至，向他建議：「東方有一個大瑜伽士得洛巴，在他跟前，你一定會獲得成就。」

那洛巴前往東方，四處尋覓得洛巴，卻始終不見其影。有一天，他筋疲力盡，經過一個佛殿，看見僧眾正在用餐，可門從裡面關著。邊上有一個淨廚，門開著，他坐到裡面小憩。這時，有一個人向他走來。

他瘦骨嶙峋，裸露的皮膚已變成骯髒的深藍色，目光卻流露出異彩。他拿了活魚徑直放在火中烤，那洛巴立刻制止他，可他聽而不聞，根本不理睬他。僧人們看見了這情景，紛紛譴責那人。

那人說：「我讓你們那麼不高興嗎？如果我讓你們

密宗大成就者奇傳

這麼不高興，那我還是把牠放進水裡好。」

　　他把烤焦的魚放進水裡，魚當下鮮活，在水裡自由地悠游。那洛巴心中一驚，知道他是一位成就者，他盯著他的面容，想從他的臉來看出他是否是得洛巴。他跟隨在他身後，眼看四下無人，立刻跑到他面前，俯身在他足下頂禮。他心中呼喚著得洛巴的名字，祈禱他能慈悲攝受。不料那人卻勃然大怒，把他推倒在地，並連踢幾腳。

　　「你是不是得洛巴上師？」那洛巴在地上叫道。

　　「什麼得洛巴？」

　　「那你認不認識得洛巴？」

　　「誰是得洛巴？」

　　那洛巴確定他知道，只是不吐真言而已。

　　那洛巴爬起來，滿身泥土，繼續跟在那人身後。他覺察不到身上的疼痛。「他是得洛巴嗎？」他揣摩著他的背影，一再問自己。

　　「是，」那人回頭說：「是。」

　　那洛巴又想，「可能他不是得洛巴。」

　　那人回頭說：「不是，不是。」那洛巴知道他有他心通。就這樣，威嚴的那洛巴成了這位身體變成藍色的尊者的影子，每日跟隨在他的身後。只要他一聲令下，他就準備衝鋒向前。有時，尊者顯現出瑜伽士超凡脫俗的氣質，有時，他行跡瘋狂，可那洛巴卻未生過一絲邪見。

一天，城裡有一家人辦喜事，那洛巴應邀去城中做客，他帶回宴席上豐美的菜肴供養上師，上師吃得津津有味，口氣也變得溫和親切。見上師高興，那洛巴欣喜若狂。他再次去城中，可印度沒有一天兩次做客的習俗。他不顧一切，進去拿了菜盒就跑，人們在他身後追趕，用棍棒和石頭打他，但沒能奪下他手中的菜盒。他從他們手裡逃脫，把菜帶回去供養了上師。

一天，上師來到一條水面較窄的小河前，河岸雜草密密蓬蓬，死潭一般骯髒的水面上布滿蠅子。上師正不知怎樣過河，那洛巴說：「上師，我在水中做橋好嗎？」

上師說：「可以。」

那洛巴脫下衣服，摸到河中央，上師踩著他的頭過了河。

「我馬上就要回來，」上師說：「你不要動，在這裡等我。」

上師久久未歸，仿佛一去不返，永不再歸一樣。那洛巴在水中奄奄一息，身上的血幾乎被蚊蠅吸乾殆盡。上師回來時，他已接近死亡。可上師視若未見，又踩著他的頭過了河。

過了一段時間，那洛巴的身體慢慢地恢復了，他又開始跟在上師身後。一天，他們看見國王的公主從一家皇親貴戚的大門裡出來，正要跨上閨轎。公主身著盛

裝，正當青春妙齡。

「快，」上師說：「你快給我把公主搶來。」

那洛巴裝成一個令人恭敬的婆羅門，來到閨轎前，禮數周全，嘴裡說著吉祥語，把花鬘套上公主的脖子。趁人不備，他忽然攔腰抱起公主便向前方飛奔。人們從四面八方湧出，竭力去堵截他，公主的隨從終於抓住了他，人們圍住他，用木棒打他，狠狠踢他，他的每一塊骨頭都被打碎，肉被打爛，骨肉分離，如同屍體。那洛巴很多天都無法動彈，後來在上師的加持下才得以康復。

又有一次，大臣的妻子和一位新娘從街對面走過，上師命令他去搶，他又被打得面目全非，在上師的加持下，他才恢復了人形。

見上師願意接受女人，那洛巴便四方尋覓，最後終於找到一個家境貧寒，種姓高貴的美女，他掏出自己所有的錢給了她父母，帶她離去，準備第二天把她供養給上師。當晚，那洛巴和那個女人睡在一起。第二天早上，當他帶著她來到上師跟前時，上師用一塊石頭狠狠地砸他的男根。他疼痛難忍，高燒持續不退，昏迷不醒，很多天都無法下地行走。後來，上師出現在他面前，經過加持，他才漸漸病癒。愈後，他去看上師，那女人看見那洛巴，便對他嫣然一笑，不料被上師看見。

「你不喜歡我喜歡他，是不是？」上師一邊吼，一

邊追在他倆身後毆打他們。

事實上，上師的一切所為，都是為了觀察那洛巴的信心是否堅不可摧，穩固如山。對上師的所為，那洛巴非但從未生起過邪見，而且信心日益增長。

有一次，師徒二人登上一座高樓，在屋頂上俯瞰城市和遠方的森林，河流在天際閃光，上師長長地歎息：「如果從這上面跳下去該有多麼好啊！」

那洛巴想，依靠上師不可思議的方便之法，即使受傷也會很快痊癒。他縱身跳下，五臟破裂，胯骨和脛骨粉碎。他躺在地上，氣若游絲，僅存一念，等待著上師。可上師已拂袖而去。他在那裡躺了很多天，滴水未進。一天，他從深度的昏迷中醒來，烈日在空際晃耀，沒有一個人影，他想，這次，他只有死在這裡了。

這時，上師的面容出現在他的上方，依稀宛如夢影，上師為他念咒加持，他的神識從遠方悠悠歸來。

就這樣在十二年中，那洛巴以無量無邊的苦行依止上師，但上師卻沒有給過他一句好話。一天，在一個荒無人跡的曠野，上師告訴他，

「我現在要給你傳教言，你準備供曼茶。」

這一刻期盼已久，那洛巴驚喜若狂，可他回顧四周，沒有任何供品可以供曼茶。

「上師，」他請求說：「這裡沒有淨水和花果。」

上師說：「難道你的身體裡沒有血，你手上連指頭

密宗大成就者奇傳

83

也沒有嗎？」

那洛巴用荊棘刺破血管，把血灑在地上壓塵，把手指砍斷做花束，供在被鮮血噴灑過的塵土上。得洛巴把地上零散的手指揀起來，用沾滿泥土的鞋子猛擊他的臉，很快，那洛巴就喪失了意識，什麼都不知道了。等他醒來時，他已經通達了萬法的真如實相。

那洛巴手指的傷口平復如初，上師再次將所有的教言傳授給他。從此他成為一名大瑜伽士。得洛巴告誡他：「從現在起，你不要和別人辯論，不要接受弟子，也不要講經說法，如此你將獲得殊勝成就。」

那洛巴隱姓埋名，在卜拉哈山修無戲等持。一次，當地寺院來了一個外道向他們挑戰，他智慧超群，辯才無敵。與他辯論的僧人均敗下陣來。一位老婦人神秘地來到寺院。

「有一位非常著名的智者就住在我們附近。」她說。

第五品 光明大樂教言受教傳承

寺院私下尋訪，終於找到了那洛巴。他們請他出面，為了寺院的生存和佛法的利益。那洛巴思慮再三，決定走出關房。當他登上辯論擂台，面對那位外道如江河滔滔，鋒銳多變的才智時，他一下子思路阻塞，幾番無言以對。他心中疑惑，「像我這樣的語自在怎麼會失敗呢？」驀地，他想起了上師的囑咐，可他已欲退不能。

他開始猛厲祈禱上師。頓時，他的智慧宛如深海湧動，波濤萬頃，以不可阻擋之勢席捲一切，外道就像被它粉碎的殘渣碎片。正當那洛巴大獲全勝時，上師衣衫襤褸，形如乞丐，帶著一個鮮血淋漓的人頭氣勢洶洶出現在他面前。那洛巴立即在上師足下拜倒，惱羞成怒的外道看到了一線良機：

「你們佛教徒雖然有大悲心，」他說：「但在毫無悲心的羅剎前頂禮，顯然你們已經失敗了。」

得洛巴尊者用契克印向外道殿堂一指，邊跳金剛舞邊怪叫道：「失敗！失敗！」

外道的殿堂聞聲坍塌，發出隆隆響聲。眾人無比震驚，張嘴說不出話來。通過辯論和威力比賽，佛教徒獲得了全勝。

因為那洛巴違背上師教言的緣故，所以即生未獲得殊勝成就，只是在捨棄肉身之後，才成就了佛的果位。他一生的大多數時間住在不日哈山，只是偶爾前往他方，去為具緣弟子灌頂，傳授續部教言。為降伏外道，光大如來教法，他從事過多項智者事業，主要通過成就十二大事業來利益眾生，其中包括多次著名精彩的辯論。他常常面見本尊，得其教授，是一位獲得八大共同悉地的大修行者。

他的弟子中，在濁世有大智者之名的有仙得瓦等護門班智達和阿底峽尊者等教主。不共的有受持說教傳承

密宗大成就者奇傳

的弟子——精通父續的四大弟子和精通母續四大弟子，共八大弟子。前四者是那伯晉美多吉，卜珠哈德，繞雅嘎拉（克什米爾）、阿嘎拉思得。後四位弟子是：馬那嘎州、丹瑪瑪多、帕當巴、占嘉繞吉德。他們都是具有相當威德之力的大成就者。有些智者認為，前面的卜珠哈德和丹瑪瑪多是一個人，如果是這樣，則前面就再加一個加納嘎巴。

獲得不共成就的四大弟子是：仲布瓦、日日巴、甘德巴、嘎思日巴，這四位均獲悉地。他的這十二位弟子也是藏地公稱的十二大弟子。

35. 牧童卓布瓦

小卓布瓦是國王的一位牧牛童，他是大字不識兩個的文盲。那洛巴住在他家附近的一座寺廟時，牧童對相貌威嚴的那洛巴生起了極大的信心，他每天供養尊者牛奶和酥油。那洛巴傳給他發菩提心的法門，在《喜金剛》壇城中為他灌頂，並教授他一門特殊的修法。一天，牧童正專心修法時，被洶湧而來的洪水捲走，一條巨型怪魚吞沒了他，他在魚肚裡見到了黑魯嘎壇城和光芒赫赫的黑魯嘎本尊。後來他發現自己在岸邊，沒有遭到任何損害。

他在那洛巴上師前以捨世者的行為一心修持，獲得了殊勝成就。對大小乘一切法，尤其是金剛乘法門，他

都無礙徹知，已深悟諸法等性之理。他對弟子們宣講趣入深義的方法，他的弟子也如是現前了無為法的智慧。後來，他心中常常萌動想造出許多論典，以闡發不可言說之密意的念頭，於是開始學習文字。外道和佛教的班智達們對斗字不識的他大肆譏諷，小卓布瓦通過雄辯戰勝了他們，從此聲名大振。

牧童卓布瓦也是阿底峽尊者的上師。藏地有些學者認為阿底峽尊者並未見過他。但在阿底峽尊者所造的《不動佛真實修法》一書中說過，他是在小卓布瓦上師前親自聽他講述的。而小卓布瓦所造的《四真如》論典，阿底峽尊者也做過注釋。在這些論典中，有著尊者在小卓布瓦上師前真實聽聞法要的確切文字依據。印度智者們也這樣認為。我在巴那舟上師那兒，也親眼見過《四真如注釋》的譯本。

密宗大成就者奇傳

36. 精通外道的小歌薩拉班扎

小歌薩拉班扎的上師是牧童桌布瓦。

這位阿闍黎在印度西方美芭拉降生。自小精通各種技藝和學問。他曾在一位赫赫有名的外道上師前請求出家，但那位大上師沒有攝受他。當時，心高氣傲的他發下狠願：他要精通世出世間一切經論、魔術、密咒及神變，終有一天，他將把他們橫掃無敵。

他在一位叫多吉丹巴的上師前出家，圓滿獲取了三

藏的究竟法要。後來，他來到嘎瑪日，偽裝成一個嚴持淨戒的婆羅門，在外道班智達和六位婆羅門前學習外道各宗派的經典和教義。他全力以赴、廢寢忘食，同時學習嘎瑪日地方的魔術、卜芝哥繞派的密咒、空行母的惡咒以及香阿日派的咒語，並一一獲得成就。此時，他多年的苦心籌備和經營已經完畢，昔日的誓願在不久的一朝就要實現。他前往西方，來到當年那位藐視他的外道班智達前向他挑戰，並請嘎納國王做他們的證人。

那天，辯論場上聚集了佛教瑜伽士和班智達兩千人以及八千名外道，個個都或是聖賢哲人，或是身懷絕技、來歷巨測之人。小歌薩拉班扎在浩大而前所未有的場面中登場。他一開口就語驚四座，不僅因為他稟賦聰穎過人，更因為他對外道的經論和義理稔熟異常——包括它們的來源、依據、邏輯以及思維方式。因為他有備而來，所以能暢通無阻，他的駁斥鋒利無比，他的反詰予以對方致命的打擊。人們都沒有預料到這一情況，那位著名的外道班智達更是因無法理解而瞠目結舌。

辯論過後，是絕技的較量。除了辯論慘敗的那位外道班智達外，還有幾位外道瑜伽士也登上了比賽場。一位外道瑜伽士將手指指向空中，天空有兩顆星星立刻像大山一樣地向他們壓來，在它們將要墜地的那一刻，忽然變成了立在他們身旁的兩座人頭像的黑色大房子。人們不由得驚呼起來，他們都知道，這是來自阿闍黎(小歌

薩拉班扎)的神變。

　　為了摧毀這兩座黑房子，外道們立即念密咒，正在念誦時，兩座人頭像的黑屋變成了兩堆黑碳，可人們都知道，那僅僅是魔術而已。這時，外道又開始作法，如同有火球落入佛教徒的座列中一般，一些佛教徒身上開始燃火，阿闍黎立即呼風喚雨。瞬息之間，烏雲飛集，大雨傾盆而下，佛教徒身上的火焰被撲滅。對方的每一個幻變，阿闍黎都用相應的幻變一一制服，他用魔術來摧毀了魔術。

　　外道四位最主要的尊者坐在看台中間，阿闍黎用咒語把他們變成了四隻大老鼠；他念誦香阿日派之咒，使外道每個人家中的金銀珠寶都變成了土石瓦礫。至此，外道亂作一團，徹底宣告失敗。因為阿闍黎所取得的決定性勝利，而使佛教在當地極為興盛，時至今日，那裡的佛教徒依然人數不菲。

　　雖然小歌薩拉班扎勝幢高懸，但他的心卻沉到了最底部。他想：人們都以為這是我的神變，可我只是用各種密咒、魔術和幻術在欺惑他們，我造下了不可估量的惡業，聞思佛法成了我增長貪欲名聞、嗔恨仇敵之因，現在，我要捨棄這一切，做一個扎雅巴瑜伽士。

　　他遠避他鄉，匿跡埋名地獨自修行。此時，他的因緣已經成熟，小卓布瓦上師在他的人生中終於出現。上師在《勝樂金剛》和《喜金剛》的壇城中為他灌頂，並

密宗大成就者奇傳

賜予他一切教授。同時，他在父續母續等各自的傳承上師前，也與在小卓布瓦上師前一樣，恆時隨順承侍，令師歡喜，並獲得眾多教言。他長期熏修，前輩的那布秀拔、布日巴、得洛巴等上師，也到他定中或現身其前，與他一一面見，並授予他口耳相傳的竅訣。

十二年中，他在東方薩繞巴嘎森林裡苦行，斷食，僅喝水，泯滅了對食物的貪欲，唯以甘露妙法為食。他的證悟如虛空般空寥清澈。他在萬丈深淵之間飛翔，如同一隻翅膀紋絲不動的鷹；他的神行雙足比風還要輕盈，一個月的路程他一個小時就可以悄然而至。凶猛的野獸帶給他花果飲食，在他身邊親昵地繞轉，所有的夜叉都是他的奴僕。他見到無數本尊，了知一切眾生的心，他應眾生的不同心性和根基隨緣點化，闡演佛法，成為當時印度具有最豐富教言和最神奇的成就者。

有一天，那布秀拔上師現身其前，為他授記：「未來，你將以具有戲論的行為利益眾生，這樣跟隨我扎雅巴瑜伽士的主尊，我也會加持你。」在後來的十三年中，他共有二十個明妃，他帶著她們四方雲遊，行持有戲論的行為，拜見了許多扎雅巴瑜伽士。之後，他在一個叫衛果扎的寺院住了七十二年。他在人間共住世157年。

據說，扎雅巴瑜伽士的許多有序的傳統都是他創立的。在他漫長的富有傳奇色彩的一生中，他弟子如雲，

第五品　光明大樂教言受教傳承

但最主要是阿闍黎阿思達嘎那。

37. 阿思達嘎那——聞睹歌舞而開悟

這位阿闍黎最初是一位外道瑜伽士。他降生在扎雅嘎拉，精通神秘學和邏輯學。後來他修持大自在天尊，成就了水銀悉地。他可以進入非人之地，並能永保容顏。他成就了很多密咒、魔女和夜叉的惡咒等。當時，因為他目空一切，便提出與扎雅巴瑜伽士比試功夫，不料卻被對方搶奪了水銀悉地的力量，而他所成就的密咒對扎雅巴們也沒有絲毫作用。從此以後，他對佛教生起了信心。

他在班智達阿闍黎繞那繞吉達、布布德占扎、德瓦阿嘎繞面前聽取教言，同時又聽授《勝樂金剛》、《喜金剛》、《大威德》、《四想續》及《密集續》五大續部深奧精深的法義，並無礙通曉。後來，他見到小歌薩拉班扎上師，在他面前聽授了一切教言精粹。如乾渴之人於清涼甘飴的泉水一般，他孜孜不倦，一意修持。為避免色聲香味觸五妙欲對修行的影響，阿思達嘎那到森林中修行了七年。於光明境界中一一得見前輩的樂耶巴、貝塔拉巴上師，並得授無上教言。他們對他授記：

「如果你去城市，你將如願以償。」

第二天一早，阿思達嘎那啟程走出森林，漸漸進入城市，一路上，他驚奇地看見了許多身著盛裝、載歌載

密宗大成就者奇傳

舞的人們。以此因緣，而使他的心相續在這一刻得到了完全解脫——七年的森林苦行在這一刻終獲成就。

從此，他在印度各地的有緣弟子前頻頻顯示神變，傳講佛法，相續因其而獲得解脫的眾生不計其數。二百年中，時光在他的體內停滯，使他青春之顏永駐。這位上師造了各種注釋續部的論典，並把自己的證悟寫成道歌，數量多如繁星。

38. 智友——上師之因和上師之緣

阿思達嘎那把法傳給了益西協尼（智友）。

雖然從智者方面來說，班智達智者的傳承非常多，但我上師未詳說。以加持受教的傳承而言，在阿闍黎小歌薩拉班扎、阿思達嘎那、益西協尼這三位上師期間，如果按照班智達智者的傳承，則已經有十五位或二十位上師了。

益西協尼種姓貧民，在日德卜拉降生，於東方一個叫繞嘎達的殿堂出家。修學小乘大眾部，大眾部的律典和《阿毗達磨》，以及大乘的所有經典和論典他全部通曉。他依止了為數眾多的精通密法的阿闍黎，並在他們面前聽授了《密集金剛》、《大威德續》、《勝樂金剛》、《喜金剛》、《月密明點續》、《大手印明點續》、《時輪金剛》等，並徹底了達無餘。他也是達瑪巴的傳承弟子，還在一位扎雅巴上師前聽授了《馬哈雅

第五品　光明大樂教言受教傳承

續》、《四想續》等。

正當他在修習這些深奧法門時，永不衰老的大成就者阿思達嘎那出現了。他為他開示了三教的所有教言，益西協尼的相續中生起了圓滿次第的境界。在跟隨上師的寶貴時光裡，他常常祈求上師告訴他，什麼時候他才能夠成就。有一天，上師說：「你是不是曾問過我你什麼時候才能成就？」

智友激動地點頭。

「再過十二年，」上師說，「有一位大成就者在月洲出現，他智慧非凡，是一位獲殊勝成就的阿闍黎，我的教言是因，他的教言是緣，那時，你將獲得成就。」

「現在，」上師說，「是去鄔金剎土的時候了。」他一邊說一邊騰飛而去，最終消逝在虛空中。

在這以後的十二年中，智友以猛烈的意願日夜修行，終於生起殊勝的光明境界。他本欲行持密宗禁行，以使他的等持之力臻至化境。但因擔心外道會群起而攻之，從而對佛法造成損害，經思慮再三，最終放棄了。

這時，上師授記的時間已到，他前往月洲。與此同時，在另一個地方，一位叫護喜論師的阿闍黎也動身向月洲而來。智友拜見了這位上師，上師為他傳授「四手印」的竅訣。聽述前三個手印的教言時，他心中暗生一念：雖然「四手印」如雷貫耳，但他以前聽授的竅訣似乎更為殊勝，他漸生驕慢。在聽最後一個大手印竅訣

時，忽然，天空如雲霽日出，他徹見了與上師智慧之身一般無二的自心本性，心中最後的一絲疑慮徹底遣除，一切心境均現為大樂智慧的遊舞——他由此徹悟了諸法究竟實相。

他走出護喜論師家門，前往東方。兩百年以後，他再次見到了至尊上師阿思達嘎那。他行持密宗禁行，沒有去從前僧眾住的地方，而是去了扎雅巴瑜伽士的聚集地。他沒有捨棄僧相，但行持的是有戲論的行為。三年以後，有時他行持無戲論的行為，有時是極無戲論的行為，他把它們結合起來，任運而行，前後共六年。最後，他獲得了大手印的殊勝成就。

屋之夏那有一個叫卓各達那塔的外道殿堂，因供奉的遍入天石像而著名。那座石像屢顯靈異，信眾求問之事無不應驗，因此香客如雲。一天，尊者和四名瑜伽母來到殿堂門口，向香燈師請求拜見殿堂。香燈師見來者來路不明，便去殿後請示教主。

教主沉吟道：「佛教徒雖對我們沒有信心，但這位看來是一個在家居士，他可能是把我們的主尊當作土地神來朝拜的。」

尊者一行得到開許後，昂首進入殿堂。但他們對殿中一尊尊森然的天然石像並未正視一眼，而是久久觀摩殿內的雕欄畫壁和石座的花紋。瑜伽士的驕矜無禮激怒了香燈師，他便用棍棒去打他。尊者吹起角螺，角螺之

聲從遠方滾滾而來，渾厚、低沉，有一種深不可測的力量。扎嘎達那塔（遍入天像）等殿中天然石像的四肢和諸根一一斷裂墜落。自此，它從前的威力驟減，而當地被毀壞的佛教寺院則得以重新恢復。在三個國王在位的將近一百年左右的時間裡，屋之夏那地方的佛教都極為興盛，至今那裡還星散棋布著古代遺留的寺院。

尊者獲得了無礙成就，以四種看式利益眾生。他現量見到實相本義並廣泛宣講，雖處濁世，但他的弟子中獲得像虛空一樣境界的卻有一千人，獲共同成就的則不計其數。其中獲殊勝成就的有四位：阿闍黎達瑪嘎拉，他在銅洲獲得虹身成就，加上月光瑜伽母和班扎日日瑜伽母，這三位是他以前的弟子。他後來的一個弟子是大成就者耶瓦日日（寂密），這四位都是名聞遐邇的大成就者。

寶源語第五品光明大樂教言受教傳承終

密宗大成就者奇傳

第六品　生圓次第及其事業受教傳承

39. 壇城前捨棄上師的吉祥佛智

印度中部卡屋地區有一個城市叫朵炯結，該城一位天賦過人的婆羅門上師對佛教的信心日益增長，直到有一天，出家修道已成了他此生的唯一所想。他最終如願以償，在那爛陀寺大眾部教中剃度，取名為布達西爾加納（吉祥佛智）。

有些智者認為他出生漢族，是一位天才諷誦者。他在阿闍黎獅子賢面前學習並通達了大小乘的所有法門。後來，應一位名叫歌納麼扎的尊者祈請，他造了《般若攝頌注釋》等諸多論典。歌納麼扎是藏傳般若法門的傳承上師之一，但《言教論釋》中卻說這是一位比丘尼。後來，吉祥佛智前往鄔金地區，在阿闍黎嘎比多吉、瑜伽母歌內日前聽聞了內外密法，並獲得了善妙的等持。鄔金北方有一個屠夫種姓的女人叫扎燈扎喇，她和花木明妃是同一個相續的人。他依止她八個月，獲得黃財神修法的傳承，並成就其密咒。他曾在扎南達日的一位名叫巴樂巴撻的阿闍黎前聽過《智慧續》。據說，這位阿闍黎是扎南達日巴的化身，在他的智慧相續中，已經獲得了如同河流一般源源不斷的等持。

他前往南方果哥那上師巴勒塔巴（護足）修行的林中。那裡景色極其優美，樹木從空中伸出，拋撒爛漫的

花雨，恰似人間仙境。十八位具有神變的男女瑜伽士是這個既真實又如夢如幻之景色的一部分，他們所有的資具由財祿佛母提供。吉祥佛智在那裡聽述了《密集金剛》，依止護足上師九年，密續部聽述了十八次，但他一直未能證悟。他請教上師：「為什麼我至今尚未證悟呢？」

上師說：「我也沒有證悟。」

九年後，他帶著明妃瑪拉姆，將續部戴在脖子上，到印度金剛座背後一個叫嘎瓦的花園裡修持了十八個月，行持密咒行為六個月，終於獲得授記：他將在文殊菩薩前解除懷疑。

他心想：文殊菩薩在漢地五台山，看來我必須去五台山。他於是動身向北，走了十由旬時，中午來到一個白色的農屋前。他看見一個在家僧人把裙子撩起，束在腰間，法衣纏在頭上，和一個醜女在田裡一起耕耘。顯然，他們是小屋的主人。他心中略生邪見，這個僧人所做的一切都不如法。有一條毛色骯髒的白色母狗睡在他們附近，也是睡相醜陋，四腳朝天。

是吃午飯的時候了，藍色的天穹烈日炎炎。他只有上前向這家人化緣。醜女從水溝裡撈出一條活魚，甩給母狗，母狗咀嚼後吐出嚼爛的魚，她隨即把牠供養給他。她的行為令他不可置信，所以拒絕吃那條剩魚。在家僧人對他的醜女說：「這些人的分別念很重，還是供

給他們好的食物吧。」說完，他就離開了。

女人供給他米飯和濃純的酸奶，吃完後，他正要離開，女人說：「你今天到不了城裡，還是在這裡住一宿，明天再走。」

他不得已只有留下，並拿出《密集金剛續》開始誦讀，每每念到心存懷疑之處，醜女便一臉不悅。他這才察覺她有他心通。他心生慚愧，立即不恥求教，請她解除他的懷疑。

「我不能解除你的懷疑，」她說：「剛才那個僧人精通《密集金剛續》。」

到了下午，在家僧人喝得醉醺醺地回來了。此時，他已斷除了邪見，並且知道這個僧人是在行持密宗的特殊行為。他在他足下頂禮，請求他解除他的疑惑。

「可以，」在家僧人說，「不過，我先要給你灌頂。」

吉祥佛智說：「我以前已經得過很多灌頂。」

僧人說：「要給你說法就必須先得我的灌頂。」

說完，他進入壇城房。日暮之後，他叫吉祥佛智進去。吉祥佛智進入房中，赫然看見莊嚴的文殊壇城前，文殊金剛的十九尊金光燦爛的本尊在壇城內真實降臨，煥發著美妙莊嚴的光輝。他如臨聖境，毛髮悉豎，雙目瞬間也不願離開。

醜女和母狗也站在壇城前。

僧人問：「你是要在誰面前得灌頂？是在文殊本尊面前還是在我面前？」

雖然吉祥佛智知道他們是同一個本體，無二無別，但從顯現上來看，他對壇城本尊更有信心。他毫不猶豫地說：「我要在文殊本尊前得授灌頂。」

僧人說：「那你就在他們面前聽吧。」

說完，僧人、醜女和狗離開了壇城房。這時，本尊們自行隱沒，只留下了他一個人。在曾經被光芒籠罩而今黯然的小屋裡，吉祥佛智傷心絕望地哭泣。第二天黎明，他在淚水的殘痕中醒來，開始用「汝乃一切眾生之佛父」等頌詞猛烈祈禱僧人。此時，僧人出現，又幻化金光四射的壇城，為他灌頂，並為他傳授了珍貴的文殊言教。

如同一束神秘有力的光柱射入屋內，塵埃在其中舞蹈一般，他終於徹見了萬法本義——心之本性。因為他最初未吃母狗吐出的魚，對上師略生邪見，並在壇城前捨棄上師，所以即身未能成就虹身，而是在中陰時獲得了超凡脫俗的成就。

他把自己生圓次第的證悟傳到遠方，有一座稱為法藥的神山，那裡聚集了眾多希求解脫之人，也是適宜禪修的風水寶地，是古德們依止的靜處。黃財神做大施主，尊者在堪為法器的弟子和來自四面八方的聚集在他足下的智者前廣宣文殊言教的密意。他的美名四方流

傳，如高山之巔的飛幡。他造了復活聖教的十四部論典，阿闍黎巴勒巴塔在聽授文殊言教之後獲得了無礙成就。

一次，尊者住在金剛座附近的茅棚裡，一位叫達馬巴拉的國王來金剛座供養，所有佛教的阿闍黎都參加了供養法會，除了吉祥佛智。國王忿忿難平，一心想著要怎麼懲罰他。他前往阿闍黎的茅棚興師問罪，可茅棚是空的，只有一尊文殊菩薩的像。國王出來問阿闍黎的眷屬，他們堅持說上師就在裡面。國王再次入內時，尊者端坐在茅棚裡。

「你為什麼不來參加我的供養法會？！」國王對尊者怒目而視。

「我在這裡供佛。」阿闍黎平靜坦然地說。

「這裡怎麼供佛？」

尊者雙目低垂，入於定中，安詳而從容，這時，在不可見的神聖柔和的光明中，金剛座的所有佛像都親自來到尊者面前，好像是他所邀請的客人一般。茅棚宛如一座金碧輝煌的宮殿，阿闍黎面前出現了攝天地精華的各色奇珍異寶，無量無邊，人間罕見。阿闍黎對佛像做了極為廣大的供養。見此景象，國王生起了無與倫比的信心，當下請求尊者灌頂。他沒有帶任何供品，他向尊者承諾，自己和王妃是尊者永遠的僕人。第二天，國王從王宮帶來和自己身相等量的黃金，表示對阿闍黎的虔敬。

在印度享有盛名的布扎馬西拉寺、烏丹扎不日寺、那爛陀寺和索瑪不日寺這四座寺院之間，各自相距遙遠，有的之間需要很多天的行程。有一次，卻非常湊巧地遇到布扎馬西拉寺重建，索瑪不日寺維修，與另兩個寺院由國王出資的整固修葺都在同一個時段完工，每個寺院都祈請尊者為新殿開光，尊者也分別應允。屆時，他化作四位吉祥佛智上師，在同一時間前往四座寺院，舉行了盛大的開光典禮。

在布扎馬西拉寺舉行開光典禮時，兩位外道瑜伽母以一主一僕的身分姍姍而來。一些惡性沙彌認出了她倆，便開始毆打她們。僕女再再請求其主：「你一定要向他們顯示神變。」

外道瑜伽母繼而開始念誦惡咒，頓時，開光壇城下噴出大股泉水。阿闍黎立即將壇城置放到空中。外道瑜伽母又降下瓢潑大雨，彩粉壇城旋即被阿闍黎用樹團團圍繞，茂密的樹蔭把它遮蓋得密不透風，開光典禮最終得以順利完成。自此以後，每年的那一天，布扎馬西拉寺都會出現一個外道所製造的違緣，但都不能造成損害。

阿闍黎曾在那爛陀寺和布扎馬西拉寺擔任過住持。當時，住在烏箏巴日的聖達瓦聲聞和分別念粗重、心緒散亂的比丘們對尊者惡意詆毀。尤其是在他任那爛陀寺住持時，一些比丘群起誹謗，誣陷他不具足智慧與戒

密宗大成就者奇傳

律，沒有資格為僧眾講經說法。他們在一起聚會密議，多次向尊者發動進攻。他們尤其輕視密宗，對密宗深懷邪見，並隨意毀謗。後來，發生了金剛座的聖達瓦和聖嘎拉巴僧人盜取銀質黑魯嘎佛像的事件，他們將佛像化作純銀，肆意享用。當地的國王為此殺了許多金剛座的聖嘎拉巴僧人。正當國王準備對聖達瓦僧人進行嚴厲懲罰時，阿闍黎對他們生起難忍的悲心，他利用自身的強大威望，從國王手裡救出了他們。

為斷除聖達瓦聲聞的邪見，尊者顯示各種神奇幻變，他入於地下，地下的非人們聞訊蜂擁而至，對尊者廣行供養。阿闍黎造了許多有關密行的殊勝論典，通過各方教理建立了密乘與聲聞乘相互圓融互不相違的觀點。如果他對在家僧人——文殊化身所示現的阿瓦達底人的行為未生一絲邪見，他即身便可成就金剛虹身。但因他當時的不恭之念，以致在80多歲捨棄異熟身以後，才獲得雙運果位。

他有四位大弟子即生獲得涅槃，獲得一生補處地，差一生成就的和中陰成佛的有十八位，至於大智者班智達和瑜伽士歌薩勒巴（修行者）更是不可計數。一個叫巴哲多吉的論師認為，既是這位阿闍黎的金剛道友又是他弟子的有兩位：他們分別是貢嘎那的秋吉炯內和日布薩哈的珠多多吉（頂髻金剛）。他的四大殊勝弟子是：仁登賢、寂友、大樂蓮花事業和王族羅睺羅。

大阿闍黎的親傳弟子和再傳弟子都修成了黃財神，黃財神提供他們所有資具，財祿佛母也供給他們一切所需。當尊者按照續部中的儀軌，將自己的智慧源源不斷地注入到弟子心間時，畫畫壇城、彩粉壇城瞬間變成了真實壇城。據說，只要他說一些諦實語，所需的彩粉就會信手拈來。後來有一位叫馬哈巴拉的國王下令：持比丘僧相者不能直接行持密宗禁行。自此以後，阿闍黎及其眷屬就沒有再公開行持禁行。

40. 境界超勝上師的燃燈賢

燃燈賢在印度西方降生，由於稟賦過人，正當青春年少之時，便無礙通達了所有學問。他在大眾部教中出家，成為那爛陀寺諸多智者恭敬的、前途不可估量的一名比丘上師。有一天，大阿闍黎吉祥佛智在他的生命中出現，從此，他趨入瑜伽及瑜伽母續壇城，聽授了無量續部密典。然而，真正的竅訣卻非常稀有難得。

燃燈賢懷著惆悵和希望，暫時前往南方。兩三年中，他依密續所說的行為利益眾生。因昔世的福德因緣於此時成熟，他的眷屬和財產如泉噴湧、汩汩不斷，他決定把他（它）們全部供養上師。

他回到上師身邊，帶回六十戶皈依佛門的家庭、一千兩金子、三百條名貴的天然珍珠項鏈。所有的眷屬和財物，他都悉數供養。他在上師足下發願：願生生世

世做上師的侍者、僕人。他住在上師座下三年，包括去城裡置辦薈供用的酒肉誓言物等等，事無巨細賢劣，他都無所不做。經過努力，上師終於把所有的至深竅訣都傳給了他。

他前往唯有皎月的靜處，修持上師的竅訣，相續中升起了繁星般寂寥恢弘的證悟。他再次回到上師身邊，上師為他灌頂，當下，此生和過去無數世以來的所有準備都在這一刻花開蒂落，他獲得了大手印的果位。據說，燃燈賢的證悟境界已超越了他的上師吉祥佛智。

另外，尊者以誅業降伏外道的故事，也是膾炙人口，非常之多：

有一個時期，他住在印度邊地恩達，當地的國王極端仇視和侵損佛教，經常迫害上師的弟子。一天，國王的車隊在路上遇見尊者，見到尊者以超然之態而被眾多眷屬恭敬簇擁的情景，國王如見仇敵，分外眼紅。他把短矛用力擲向尊者，短矛沒能傷到尊者的身體，而是掉在了尊者的路前。阿闍黎以契克印指向虛空，國王的車隊立即起火，熊熊大火在頃刻間便將國王及其所有財物化為烏有。崇敬國王和信仰外道的人感到末日即將降臨，他們坐臥不寧，深深訝異：光頭沙門竟有如此大的功夫！經過幾天幾夜激烈地討論，他們懷著深深的敬畏，來到尊者面前。他們承諾，從此以後，生生世世不再毀壞佛堂，侵害佛教。

有些史書的觀點稍有不同：他們認為，阿闍黎當年在其國時，恩達地區得日嘉的國王布卡那恰好不在本國中部。當時，持邪見者猖獗，通稱外道，因此，當地出現了外道國王。這位國王當是外道國王而非布卡那。

西方瑪拉巴一位外道國王修持遍入天本尊，他肆無忌憚摧毀佛堂，把比丘驅逐至印度中部，對在家居士動輒安置罪名，百般折磨。不久，阿闍黎前往瑪拉巴，住入至尊上師吉祥佛智曾加持過的一座殿堂中。國王對尊者恨之入骨，處處刁難、步步設阻。第二天，阿闍黎端坐殿內，入於定中，無限威嚴與從容。待其緩緩起身，王宮已亂作一團，國王和王妃均得急症而臥床不起。

一天，一位曾多次拜見過尊者的大臣不約而來。

「這次你傷害了國王，」信仰外道的大臣說，「我們決不放過你，一定會對你嚴懲不貸。」

阿闍黎從腋窩下掏出畫著國王像的畫布。

「這個壞人還沒死嗎？」尊者邊說邊在驚駭萬端的大臣前一條一條地撕碎了那張畫布，零碎的畫布飄飄然地落到地上。此時，王宮裡的國王因心絞痛急性發作，而當下身亡。尊者輕鬆自如地對張口結舌的大臣念誦真言之後，拂袖離去，大臣的身體立刻僵直在那裡。

有一位外道阿闍黎名叫沙嘎仁那，他修成了數量不菲的魔女惡咒，並經常以此殘害佛教徒。一天，他與尊者狹路相逢，雙方互不相讓。沙嘎仁那發出惡誓：

「明天早上如果你還沒死的話，就算我們宗派是假的，我們誓不為人。」他一邊用惡咒詛咒尊者，一邊怨怨離去。

當晚，上師住地響起令人毛骨悚然的哭嚎和尖嘯聲，張牙舞爪的骷髏和恐怖的厲鬼手舉各種利器向上師撲來。上師紋絲不動，安住於深沉寧靜的三摩地中，他意念所至，其力如旋風如海嘯，勢不可擋。只一剎那，外道的殿堂和茅棚便統統崩塌，外道密咒士的領袖沙嘎仁那及其眷屬全部死亡。

41. 六月成就曼巴俠

阿闍黎燃燈賢把法傳給了曼巴俠。

曼巴俠降生在邊地，為婆羅門種姓。自幼便沉迷於一切神秘之事，任何外道法門他都興味無窮地鑽研修持。等他長成一個英氣逼人的青年時，已對外道法門全部了然於胸，有如熟悉他家的後院一般。雖然他的功夫莫測高深，可外道教義卻未能使他的那顆心平靜。

後來，他遇到了生命中必將相逢的佛法。它無限寬廣的愛心與智慧傾瀉而下，使他獲得了特殊的勇氣和超強的力量。

他在印度中部那爛陀寺出家，並在燃燈賢和吉祥佛智兩位上師前，從《般若經》開始，將內外密續部的精深奧義全部聽授並一一修學。他們為他灌頂，傳授給他

以至高無上的竅訣。尤其是在《黑魯嘎續》的壇城中為他灌頂時，觀察緣起的花落到了吽嘎繞本尊的壇城裡。從此，他長年精勤專修吽嘎繞本尊，相續中生起了生圓次第的特殊等持。他心中明白，再修六個月，他就會獲得一切悉地。可是，他需要一位郊戍旺洛種姓（印度的卑賤種姓，如獵人，漁夫，鐵匠，盜匪，織工之類）的女人作為所依（必要條件）。她的身色是青蓮花，隸屬五部佛中金剛部種姓，具足一切法相。

密宗大成就者奇傳

　　他四處察訪，終於得見。他找到她家，直截了當地向她父母索要他們的女兒。她的父母說：「婆羅門上師，你是不是發了瘋？我們是低劣種姓，如果我們把女兒給你，我們雙方都會受到懲罰的。」

　　尊者說：「我需要修行的所依，我可以向你們保證，毀壞種姓的懲罰決不會降臨。」

　　「既然如此，」她的父母說，「你必須用與我女兒身相相等的金銀來交換。」

　　僅僅一剎那，阿闍黎已從地下取出與他們女兒身量相等的寶藏，姑娘的父母看得眼花繚亂，詫異萬分。此時，尊者帶著明妃翩然離去，遠離塵世，去到一個山崖的天然岩洞裡，修持了整整六個月。到了第七個月初八的黎明，虛空中傳來「轟轟」的巨大聲響，振聾發聵，驚心動魄。黑魯嘎本尊及一切壇城的本尊威光赫赫地出現在他們前方。這一刻，他集諸佛的加持於一身，當下

獲得了大手印的果位。

　　從那以後，尊者以《密集金剛》為主的法門饒益了無量眾生。他造了諸多論典。有一天，他不捨肉身，像大鵬鳥一樣飛向蔚藍清澈的天空，沒入茫茫太虛，飛往不動佛的剎土。

　　這位阿闍黎就是寧瑪巴教派公認的轟嘎日大師，如果是的話，那他就是在尼泊爾降生的。是國王色納彌（赤松德贊）的幼子，《紅史》中說他是第四子，《西藏王臣集》說他叫貢都贊普，是藏地第四十個王朝的國王。（他曾迎請印度的蓮花結等論師和阿闍黎布瑪莫扎來藏地，翻譯了眾多經續，對佛教作出了卓越的貢獻。）在這位國王的時代，阿闍黎曼巴俠曾到過藏地。

　　曼巴俠尊者把法傳給了他足下的布達論師，布達論師將法傳於繞那阿嘎繞仙得巴，他傳給大金剛座者，大金剛座者傳給歌薩樂巴。

　　主要的受教傳承如下：

　　曼巴俠──鄔金阿闍黎吉祥佛寂──薩索日巴（大金剛座者）──中金剛座者（繞那阿嘎納歌巴）。

　　另一個傳承是：吉祥佛智傳法於大阿闍黎蓮花生，他也叫後蓮花金剛或小蓮花生。這位阿闍黎有單獨的廣傳，非常值得一閱。

　　所謂大小蓮花生是按照時間先後而安立的。

42. 枯枝開花嘎雅薩思

　　阿闍黎曼巴俠將教法傳給西方瑪日的阿瓦達底瑜伽士冉那西勒，他把法傳給了嘎雅薩思（老書家）。

　　嘎雅薩思以前是國王塔馬巴勒的秘書，在他80歲的那年，正是生命中夕陽西下，晚天漸黑漸深之際。他於那爛陀寺剃髮出家後，才開始學三藏，此情被附近地區的馬哈巴拉國王看在眼裡。雖說國王見多識廣，可沒有比眼前的這位老翁更令他匪夷所思。他在那爛陀寺找到一根乾枯的樹枝，拿到老僧面前。

　　「你看見這根枯枝了嗎？」他說，「哪天你通曉了三藏，這根枯枝也會發芽開花。」

　　面對這位衣著華貴、氣宇軒昂的國王，嘎雅薩思暗暗咽下一口氣。他默默發願：「我一定要精進修學。」

　　他在嘎瑪日的阿瓦達底瑜伽士前，在《密集文殊金剛》壇城中獲得灌頂，並遵循上師冉那西勒的教言，一絲不苟地修行。他已經走過了生命的各個層面，現在均一一放下，如深海的海底，思想和情緒之潮對它無有絲毫動搖。就這樣修持了三年，生起次第道的每一個微細的運作和它的驗相全部圓滿。他來到一個海風和陽光永恆的海島，對十方諸佛和他的大恩上師供曼荼羅，他將全身心與溫暖而帶有濕鹹氣味的海潮之音融合在一起。修至第七天黎明曙光乍現之際，他現量見到了籠罩在完美光輝裡身騎一尾藍色孔雀的文殊菩薩，一柱白色明光

從文殊菩薩的眉心射入他心間，這一剎那，他看見了心的不死本性，一切萬法全部通達，他終於獲得了悉地。

嘎雅薩思徑直找到馬哈巴拉國王。

「我已經精通了三藏，」他說：「希望你能給我那根枯枝上開出的花朵。」

馬哈巴拉國王遇到了他一生中最稀有的事。面對這位仙骨道風，飄然出塵的老翁，他詫異、歎息，無限景仰並幡然改變。他再三禮請嘎雅薩思在他國中住下，並尊他為國師。嘎雅薩思修建了大量密宗殿堂，廣泛弘揚生起次第及其修法，並造了《喜金剛續釋──吻與無垢疏》。

前譯派瓊布瑜伽士曾得過此部大疏的傳承。一個叫蘭.達瑪露珠所譯的此書在後文中說：「嘎雅薩思老人造。」另一個譯本是雄.羅頓（安慧）所譯，他在書的後文中說是芒頓嘎雅著，我認為這只不過是這位阿闍黎的不同名字而已。但是，這本注釋是不是由阿闍黎所宣講，他的弟子做的記錄呢？

據說，阿闍黎與阿巴干達阿闍黎是同一人，他把教言傳給哈繞哈日，哈繞哈日傳給大金剛座者，大金剛座者又傳給了中金剛座者。

43. 大金剛座者薩索日巴

大金剛座者降生在馬拉瓦，為婆羅門種姓。在那爛陀寺出家後，很快便對經律論三藏的一切學問，宛如對

那爛陀寺的每一個長廊和台階一般詳熟。他通達內外密法，擁有最殊勝豐富的教言，它們如海中寶藏，取之不盡，用之不竭。他的相續中具有真實無偽的菩提心，這顆無限寬廣溫柔的大悲之心，其深度沒有一物可以測量。他在馬哈嘎巴的弘法事業極其廣大，當地因他而呈現禎吉祥瑞的氣象。阿底峽尊者住世時，金剛座寺聘他為親教師，後來，他也在布扎馬西拉寺做過親教師。他的弟子主要有中金剛座者（冉那阿嘎繞嘎巴）。

44. 中金剛座者索索日巴

中金剛座者降生在果日，為婆羅門種姓。從小，他就輕而易舉地通達了顯密諸法，仿佛它們都是從他的自性中源源流出一般。他成就了為數眾多的本尊心咒，成為一名具格金剛上師，可是他沒有出家，他的身分是居士。

在他周圍，常有許多舉步如踏棉花，纖塵不染的比丘環繞，他鄭重地為他們講經說法。一次，他前往印度中部一個國家，一位對他具足信心的大臣見此情景勸諭說：「你還是應該出家為僧，否則，有那麼多三藏比丘向你一個居士頂禮，會有損佛教形象的。」

阿闍黎說：「我要贍養老母，不能做比丘。」

大臣供養上師60兩金子以贍養老母，上師於是得以在印度第二大寺布扎馬西拉寺出家。當年，在其前求取教言的班智達和瑜伽士絡繹不絕。大金剛座者的所有灌

頂、續部傳承、教言和竅訣全部匯集在他的智慧中。他在金剛座寺做了多年的親教師，而後前往南方。當時，有三十位弟子跟隨他一起到了索索日巴。當天晚上，在索索日巴國王的夢中，有一位金剛座的大菩薩降臨。雖然只有短暫的一瞬間，但大菩薩的話國王記憶猶新。

他說，「我的佛法不要讓它前往南方。」

第二天早上，阿闍黎和眷屬從索索日巴動身，準備南行。他們啟稟官方，因為他們有很多經書和佛像需要當地政府的牲畜和人力來載運。此時，國王方知其夢之意，便與大臣親自前去迎接尊者，並隆重款待，以種種盛情難卻的理由阻止他們啟程。國王一再勸請尊者留下，阿闍黎終於在那裡住了下來。後來，連阿闍黎的名字也變成了索索日巴。

上師已究竟圓滿了生起次第，曾親見無數本尊。如同他的大恩上師大金剛座者一般，在印度，他是一代典範，有著特別豐富的教言。

尊者的法脈如下：

中金剛座者——晉美炯內（無畏密源）——秀拔嘎拉各巴——達夏巴拉——瑜伽士班扎西日——濁世全知秋炯火（發願吉祥）——桑吉扎巴——仁欽扎巴——繞得各巴。

後面的這些上師的廣傳我的上師未予宣說。

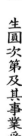

寶源語第六品生圓次第及其事業受教傳承終

第七品 詞句受教傳承

45. 犀牛頭師具義金剛

雖說是詞句傳承，實際上也是續部傳承。大多數續部傳承是那洛巴和梅志巴傳下來的，有些是從龍樹菩薩——勝天——羅睺羅——月稱論師——光源論師——智稱——仙得巴。

數量不菲的續部傳承是由文殊友傳給婆羅門智慧金剛和菩提金剛。

還有一種傳承：吉祥智慧洲——寂友論師——吉祥部——芝樂巴——那巴洲（黑生）——曼巴俠（醫師足）。這後四位傳給文殊智——具義金剛——思得布拉——阿底峽尊者——尊瓦巴——大金剛座者。

另一個傳承是：芝樂巴——拓嘎那——仙得巴——加納西爾摩卡——阿底峽尊者——大金剛座者——中金剛座者。

還有一種傳承：遊舞金剛，他從鄔金迎請了許多續部——勒勒班扎——文殊吉祥智慧。這位阿闍黎以帶牛角的威猛坐式修持大威德瑜伽，流傳有一位大日國王曾被他掀翻在地。

文殊吉祥智慧傳給具義金剛——又稱秀拔瓦或婆羅門華箏，獲大手印果位。有一次，南方貝塔那有一位外道國王要將一位講經說法的三藏比丘斬首示眾，阿闍黎

聞訊前往，請求外道國王手下留情。外道國王說：「既然你替他求情，我可以放他，但有一個條件，你要用自己的頭來交換。」

阿闍黎當即砍下自己的頭，把它送給國王。隨後，他又在自己的頭部安了一個犀牛的頭，頸部的傷口完全癒合，看上去光滑無痕。因此，他也被稱作阿闍黎犀牛頭師。

46. 文殊智與小狗

犀牛頭師傳法給阿日給。這位阿闍黎將自己的明妃變成貓，因此又稱伯繞芝瓦。

阿日給傳給文殊智。密續中的有些續部就是這位阿闍黎迎請到南贍部洲的。

文殊智降生在東方班嘎拉（巴基斯坦），是那爛陀寺一位著名的比丘和班智達。後來他遠離塵囂，隱遁在林木蔥郁的群山之中，與日月星曜共住，成就了諸多共同悉地，獲得了生圓次第廣大微妙的境界。一天，他的山洞裡出現了一隻幼小可愛的母狗，幾天裡，他一直撫摩牠，用自己的食物餵牠。後來，光色殊妙的天人出現在他前方的虛空中，將他迎請到了三十三天。一天，他在天界忽然想起了那隻小狗。

「我要回去了。」他告訴天人。

「為什麼？」天人感到奇怪。

第七品　詞句受教傳承

114

「我的山洞裡還有一隻小狗，」他說，「我不回去，牠恐怕會餓死。」

天人驚訝地說：「你修了那麼多年的禪定，仍然沒有消除執著一隻小狗的分別念啊！」

阿闍黎無言以對，認為天人言之有理。便又在天界住了十二年，回到人間時，發現那隻小狗不但還在，而且與十二年前一樣幼小和乖巧。牠在山洞的地上，挖出一口小小的清冽水泉。當他把小狗抱在懷裡時，牠突然忽成了一個年輕殊妙的女子，全身佩戴著閃爍珍異光澤的圓滿飾物。事實上，她便是金剛瑜伽母。他們行持密宗禁行，但在其他人面前，她又變成了一條小母狗。因此，阿闍黎被人們稱為歌歌日巴。後來，他從空行刹土迎請了許多珍貴的續部。

47.「濁世一切智者」──仙得巴

文殊智──班瑪班扎──得洛巴──那洛巴──仙得巴。

仙得巴在印度摩羯國出生，身為婆羅門種姓的他從小就顯出純熟超人的睿智。他精通浩瀚如海的《吠陀》及其全部支分，還有八種觀察等。有些學者認為他出生在貴族豪門，並非婆羅門種姓。仙得巴在烏旦布繞的一切有部教派中出家，並迅速通達了聲聞乘三藏。他前往享有盛名的布扎馬西拉寺，在瑟達日上師及眾多的大師

和大智者前聆聽了所有經典和論典，成為一位聲名鵲起、眾人尊敬的大阿闍黎、大長老。他曾在索瑪不日寺院任親教師，並在很多年裡擔任寺中傳戒師一職。後來，他又依止了仁欽扎巴、那伯.丹策多吉和拓加納等上師。

這位阿闍黎過目不忘，所聽述的一百多部續部全都銘記於心、倒背如流。後來，他前往馬拉巴，在不聞人聲，唯有天籟之音的山中修行了七年。他在禪定的曠達境界中見到了文殊菩薩、度母、彌勒菩薩，享受了無比清涼的蓮花妙法甘露。他們宣說的佛法精華和無著菩薩的觀點甚相吻合，因此，阿闍黎的究竟觀點就是無著菩薩的觀點。一次，於光明夢境中，他得到度母的指示，讓他前往聖嘎拉（斯里蘭卡）。同一天，聖嘎拉國王在夢中得到授記：

「贍部洲有一位寶源寂上師（仙得巴），請你務必迎請他，他將在你的國度弘揚大乘佛法。」

阿闍黎到達聖嘎拉時，聖嘎拉國王早已列隊在那裡熱切迎候。他們將尊者及其所攜的兩百多部大乘經典迎請到國中。尊者在聖嘎拉的七年中，廣弘大乘博大精深的法義，使聖嘎拉出現了五百名大乘僧人，大乘佛法極為興盛。雖然以前也曾有大成就者到過聖嘎拉，但僧人可能都屬於聲聞乘。

七年後，仙得瓦離開聖嘎拉，穿越大海返回故土。

途中，大海掀起巨浪，一夥凶惡的海盜持刀強行登上他們的船。在一片慌亂與驚叫聲中，阿闍黎面不改色，安詳而從容，他念誦真言，向海盜拋撒金色海沙，所有的海盜都被制伏。驚濤駭浪消失無蹤，海面重又光滑如鏡。

尊者回到印度南方，瞻拜金剛座後，準備前往漢地五台山修行。當晚，當地國王於夢中見到了真實的佛陀，一個神秘而又鮮明的影像。第二天早上，尊者恰好途經他的國都，國王以極高禮遇恭敬隆重地迎請尊者，再再祈禱阿闍黎留下。阿闍黎未能如願實現夢寐已久的五台山之行，而是做了布扎馬西拉寺的護東門班智達。有些歷史書說這位國王就是馬哈巴拉。有些說他是扎納嘎，也即馬哈巴拉國王的外孫。後一種說法比較合乎依據。

阿闍黎曾與二百多名外道班智達進行過精彩激烈的辯論，他口若懸河，智慧仿佛出自一個永不枯竭的無盡藏。最終獲得了全勝的記錄，聲名如日中天。即便是在佛教的團體中，他深刻完整的智慧也無人與之比肩。他被國王尊為國師，賜封他「濁世一切智者」的稱號。天界的阿羅漢紛然而下，在其前恭聽佛法。尊者日以繼夜浸潤在妙法的甘露中。後來，那洛巴獲得成就，尊者前去那洛巴面前謙遜地求授教言。

當尊者將近100壽誕時，已不能講經說法。他斷除了世間粗大的飲食，到寂靜的僻地隱居。這時，他昔日的一位農夫弟子獲得成就，因不能忘懷師恩，特地前來

密宗大成就者奇傳

叩謝。他用隱身術在空中向上師頂禮，而後，他出現在在上師面前，示現其身，說：「頂禮至尊上師。」

尊者問：「你是誰？」

弟子回答說：「我是農夫多賊。」

上師說：「我已經忘了這人。你把你的隱身教言賜給我吧。」

多賊將教言奉獻給上師，尊者也非常專注地修持，終於感召金剛瑜伽母現身，賜予特殊的加持，使尊者獲得了隱身成就。他的身體重又強健而完美無瑕。他回到弟子身邊，更為清晰有力、滔滔不絕地重新為他們開示佛法奧義。

一天，他正坐在法座上，坐墊忽然被四個女人抬起，她們御風飄然而行，把他迎請到了鄔金剎土。他在那裡住了許多時日，在勇士勇母的眾會中做薈供，他唱了很多金剛歌，它們出自一個真正的喜悅源泉。空行主尊金剛亥母讚歎他是解釋顯密經典密義最殊勝的大智者。

當時，魔羯國的眾多弟子不知上師去向何方，他們認為上師已隱身前往剎土，決定為上師做供養佛事。眾人正忙碌準備，卻見上師端坐在寶座上，正在微笑。尊者對眾弟子講述了雲遊剎土的經歷，大部分弟子生起極大歡喜，感到不可思議，可也有人半信半疑。後來，來自鄔金地區的人到金剛座供佛、經商，魔羯國的人向他們打聽此事。他們說，阿闍黎前不久剛到過鄔金布瑪

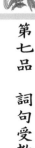

茶，在那裡住了很久，他為四眾闡演佛法精妙之理，他們三生有幸，曾親耳聆聽。自此，對此事的疑慮和爭論才煙消雲散。

阿闍黎從不間斷地講經說法，直到108歲圓寂。眾弟子在清涼尸陀林準備荼毗大典，當第一縷火苗生起時，阿闍黎的遺體忽然消失不見，令弟子們無比震撼、傷心和歎息。尊者以自力造了許多續部的注釋，後來他準備造《輪戒續》的注釋時，金剛亥母未予開許。他到鄔金剎土做薈供時，曾和來自其他各地的大成就者共53人聚集一堂，對佛法進行了深刻而細緻入微的研討。

48. 晉美炯內——三次拒絕金剛瑜伽母

中恩扎布德國王傳法給格格燃扎。格格燃扎白天為一千隻狗宣講佛法，晚上行持密宗禁行。他把法傳給了蓮花生大士。這樣的續部傳承很多，但現在除言詞傳承外，基本沒有留下。阿底峽尊者因為眾所周知，故在此沒有撰寫。以《時輪金剛》為主的眾多續部是由阿闍黎玻芝巴（花園者）迎請的。金剛手曾授記玻芝巴：「彼將依靠神變前往香巴拉剎土迎請諸多續部。」

尊者在燃那歌日對弟子們宣講這些續部，他獲得隱身成就，有六大弟子，三位獲得金剛身和隱身成就。他們是：阿巴德德巴比丘、博得謝日、那洛巴。他們繼續弘揚他的教法。阿巴德德巴把法傳給索索日巴（中金剛

座者）。玻芝巴是國王馬哈巴拉時期出世的，也從阿闍黎布巴嘎嘎上師那裡得到過傳承。以上都是以這個傳承而言的。

這些由各自不同的傳承上師傳下的法，最後全部匯流到有「濁世如來」美譽的晉美炯內（無畏密源）這裡。

晉美炯內在東方屋支伯下附近的扎日卡扎出生。父親是國王種姓，母親是婆羅門。從小，他就流露出聰慧和高貴的稟賦，具有微妙和精準的理解和把握能力，極其沉迷於《吠陀》、神秘學和因明學。長大後，他非常輕鬆而投入地了達了外道續部的所有論典。一天，他坐在花園的熱帶樹林下念咒。熏風襲人，綠蔭搖曳，他沉浸在深度的觀想中。忽然，他的面前出現了一位光彩奪目、令人心儀的女子，仿佛自天而降一般。

「我是卑賤種姓的女人，」姑娘說，「我願意和你一起生活。」

「這樣不合理，」他說，「我是高貴種姓，如果和你一起，會帶來很多謠言。你趕快離開，不要待在這裡。」

姑娘悵然離去，年輕的晉美炯內百思不解。忽然，他跳起來，一一檢查他家所有的門，它們全都是插著的，沒有打開過。她究竟來自何方？是天女還是夜叉？他暗自思慮，懷疑一直縈懷腦際。他拜訪了一位友人，

120

友人是一位修證高深的佛教瑜伽士。聽了他的描述，瑜伽士一笑。

「她是金剛瑜伽母，」他說，「這次你沒有向她求取悉地，很是遺憾。你與佛教有很深的因緣，事實上，你是佛教種姓。你應該前往東方，在那裡，你將獲得成就。」

年輕的晉美炯內於是前往東方班嘎拉（巴基斯坦），開始暢遊於顯密佛法無邊無際的海洋之中。他在革日阿闍黎前聽受灌頂與教言，迅速成為一名光芒耀眼的大比丘，引人注目的三藏法師，所有持戒比丘的大阿闍黎。一天，他住在殿堂裡時，一位美麗動人的姑娘忽然出現在他面前，令他微微吃驚。她把手裡血淋淋的牛肉遞給他，清澈明亮的眼眸充滿期望和渴求。

「我是卑賤種姓的女人，」她說：「這頭犛牛是專門為你宰殺的，希望你能享用牠。」

一抹似曾相識的感覺在他心中閃過，但他還是無暇思慮，便說：「我是清淨種姓的比丘，怎麼能享用賤女帶來的牛肉呢？」

姑娘望著他堅決沉靜的臉，欲言又止，失望地回轉身，下了殿堂的石階，剛走到下面，她就像一縷雲煙般杳無痕跡。事實上，她就是金剛瑜伽母，為了賜予他悉地，她第二次出現在他面前，可是他又一次拒絕了。

雖然他已是三藏法師，可他一直對自己所擁有的竅

訣心存缺憾。所以又在人們公認的竅訣上師前聽受了各種珍貴竅訣，又浪跡四方，尋師訪道。最後，他在那爛陀寺住了很久。他重習小乘的根本四部：一切有部、大眾部、上座部和正量部。四根本部的戒律和其他聲聞藏，大乘唯識和中觀，各個不同的論典他均諳熟於心。對佛教因明學等深似大海的各種學問都全部通達，尤其是對密續部的內涵，也有了透徹而完整的認識，並獲得所有竅訣。後來他回到索索日巴（中金剛座者）大師前，聽取了大師具傳承的所有密法。索索日巴是他的至尊根本上師，也是他出家時的親教師。他在上師幽深古樸的寺院住下，修持上師傳授的至深竅訣。

　　一個初八的黃昏，一位為索索日巴上師提水的僕女來到他的暗室。她是一個在家佛教信徒，她的手裡提著一個小小的器皿，裡面裝著薈供的食品。

　　「你上師派我來，要我和你一起做薈供。」她的目光宛若要望穿他的雙眸。

　　「我以前從來沒有做過薈供。」他說。

　　「你以前沒有做過，但現在我要和你一起做。」

　　他一下子生起了分別念，便拒絕道：「不！」

　　「你雖說通達了三百多部續部，也獲得了究竟的竅訣，但你對密宗行為不應生分別念。」上師的僕女拿起薈供品，悵然離去。

　　這時，他忽然發現，天已經完全黑了。通向室外有

三道堅固的門，他出去一看，三道門全都從裡面鎖著，沒有開過。已經三次了，他無法判斷自己是否做了正確的抉擇。他一夜輾轉難眠，感覺自己正在失去什麼。第二天一大早，他就去上師那裡，問上師是否派他的僕女給他送過薈供品。

「你的分別念很重，」上師說：「我沒有派她給你送過東西，你見到什麼了？」

他將事情的原委告訴上師，上師說：「是金剛瑜伽母賜你悉地，可是你沒有接受。」

晉美炯內回到的暗室，內心被絕望、自責和傷心席捲一空。他一遍又一遍地呼喚著金剛瑜伽母，祈禱她能再次出現，給予他最後一次機會，賜予他悉地。他錯失了此生孜孜以求的成就，懷著一死的決心，在七日中滴水不盡，仿佛只有這樣，才能把他的罪業洗滌一淨，金剛瑜伽母才可能現身其前。到了第七天晚上，一位老婦出現在他夢中，他立刻就知道她是金剛亥母（金剛瑜伽母），他潸然淚下，向她懺悔和祈禱。老婦一變而成光輝奪目，莊嚴殊妙的金剛亥母。

「你在很多世念誦我的名號並供養我，」她說：「這世，我三次賜你悉地，可你沒有接受。因此，你即生不能獲得很多成就。從現在起，希望你能造出諸多論著，並廣演妙法，你將在中陰身獲得成就。」

晉美炯內萬念俱無，從內心捨下了一切，日以繼夜

密宗大成就者奇傳

地隱匿禪修，別人只能偶爾在各尸陀林看見他的身影。有一個國王叫繞馬巴拉，他的一個王妃建造了厄扎不日殿堂，她把它供養給上師，他就在那裡一直修等持。後來，他能夠安住於深度寧靜的禪定中，一座便入定六個月之久。一次，他住在清涼尸陀林，有一家人送來他們特別寵愛的兒子屍體，亡者的父母痛不欲生，幾度昏厥。上師不忍心看到他人傷心的情景，便將亡者的神識從中陰勾召而歸，他們的兒子旋即起死回生。從此，上師在人們心中成為威猛無敵的大力菩薩。

尊者被金剛座寺迎請擔任親教師，在來自五湖四海的弟子前廣說甘露法語。他通過天文曆算觀察得知，一個窮婆羅門的灶下埋有豐富的寶藏，他取出寶藏，廣行布施。他還成就了禦盜、息毒、摧毀敵軍等續部中宣說的各種事業。有一個叫善達嘎繞的城市曾遭遇大火，尊者只說了句諦實語，大火即告熄滅。歷史悠久的那爛陀寺和布扎馬西拉寺迎請他做親教師，當地國王尊他為國師。金剛亥母再次翩然入夢，勸他造論，他說：

「我這樣的人造論對眾生無益。」

「你造論時，我將融入你的身體。」金剛瑜伽母說。

以不同的弟子的祈請，尊者造了各個不同的論典。他撰寫《般若八千頌釋》時，十方諸佛乘祥雲而來，在他上方的虛空中以美妙音聲稱頌吉祥句；著《三寶鬘

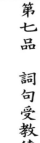

論》中的《壇城儀規金剛寶鬘論》時，天空降下五色繽紛的花雨；造《竅訣穗論》的初、中、後三階段中，《勝樂金剛》、《喜金剛》和《時輪金剛》的本尊都親臨其前，讚誦吉祥文。尊者的美名十方流布、四海稱譽。

阿闍黎所造的其他重要的論著有：針對《現觀莊嚴論》，尊者造了《能仁密意莊嚴疏》；在《俱舍論》方面，他造了《世間略論》；在戒律方面，則有《比丘有表釋》、《戒律顯密論》；中觀方面有《中觀穗論》；他在瑜伽續部方面也著有注疏及著名的四大修法等等。

另外，他還造了《佛頂續釋》、《母續辯答》、《無畏道次第論》、《教言概述》、《總說論》、《無次第釋》、《趣入曆算》、《時輪辯答》和《明示時輪》，另有零散的論典和修法，以及各修法的匯集編錄等。

阿闍黎在印度西方修建殿堂時，他把空缽擱置空中，缽裡頓現玉露瓊漿。他需要的一切，均由財神提供所有順緣。在楚蒙這個地方，他令十萬人獲得解脫，獲得了清涼的大安樂。他的弟子中，分布於印度與藏地的成就者和智者無量無邊。後來，在印度出現的群星閃耀的大乘論師中，這位阿闍黎是最為人們所公認和景仰的。

49. 死而復活的稱天

阿闍黎把教言傳給香巴噶哥巴，後者把教言傳給了稱天。

密宗大成就者奇傳

稱天是班嘎拉著名的班智達。尊者自風華卓絕的青年時代起就一直以在家之身住在人才輩出的那爛陀寺。在那裡，他潛心體悟佛法之藏，經歷了持續的學習和心靈全然開放的淨化之旅。上師的教言融入他心中，使他如同身處澄澈無垠的天空之下一般。直到有一天，離開那爛陀寺的時辰似乎已經到來。他向他的根本上師道別，他的根本上師要他剃髮出家。可是，因為他世間貪欲未泯，便拒絕了上師的要求。後來，他娶了一位妻子，並有了三個孩子。

有一天，他夢中見到了觀世音菩薩。「你違背了上師的教言，」觀世音菩薩說，「再過三年，你會得瘟疫死去，死後將墮入地獄。」

稱天從夢中醒來，他知道觀世音菩薩從來所言不虛，一種死到臨頭的感覺令他不寒而慄。他斷絕了與外界的一切聯繫，猛厲修行。三年過去了，觀世音菩薩的授記如期而至。在一場四方蔓延的瘟疫中，他染病身亡。

恍然中，他的眼前由模糊至清晰。他感覺自己似乎身繫鐵鏈，被身形恐怖的閻羅獄卒帶到很遠的灰暗貧瘠之地。忽然，五尊觀世音菩薩在前方降臨，如夢幻般透明閃耀、完美無瑕。馬頭金剛奮力驅打牽著他的閻羅獄卒，見到他悲慘可憐的中陰景象，觀音菩薩的眼淚潸潸而流。她讓他拉住她的衣衫一角，她的眷屬們送他回到

第七品　詞句受教傳承

了人間。他的神識重又回到了原來的肉體，他睜開了眼睛。

　　自此，稱天常常見到大恩至尊的觀世音菩薩，在觀世音菩薩的慈光遍照下，他廣大無邊的心性中衍生出驚人的威力。他獲得了大成就，出現了種種善妙的證悟境界，聲名傳遍了十方。

　　他把法給了克什米爾班智達釋迦西爾巴扎，此法依次由釋迦西爾巴扎——布達西日巴扎——繞那繞吉達——門尼西爾巴扎——歌日那西爾巴扎——釋迦繞吉達——繞達瓦麻——戈巴拉班智達——布瑪甘瓦（解脫天）——匝納戈巴——薩得歌巴，薩得歌巴則傳給了如今大地上無與倫比的阿闍黎寂密。

　　　　　　寶源語第七品詞句受教傳承終

密宗大成就者奇傳

50. 失而復得貝勒巴

零散竅訣來自大成就者果繞夏的竅訣傳承。

尊者果繞夏的傳記在十二個村落，被牧童們在野草如茵的天地間廣泛傳播。他們說，尊者門拿巴依靠大自在天獲得了共同成就，在他面前，果繞夏獲得了風的瑜伽教言。修行圓滿之後，從他內心自然顯現了大手印的智慧。雖然有這種傳說，但我的上師把它暫時擱置一邊，沒有採用，這裡採用的是大班智達寂密經過考據的歷史。

我的上師佛密親見過果繞夏親傳教言的大部分弟子，其中，具有無邊加持和力量的是三位大阿闍黎：八達衮波、那波衮波、占西衮波。這裡採用的是他們共同承認的史實。我的上師是這樣宣說的。

在印度東方，有一個婆羅門，名叫貝勒巴。他在積攢了足夠的資財之後，於十二年中，杜絕人間一切凡塵瑣事，閉門修持水銀丹金術。可是，十二年過去了，沒有出現一絲成就的瑞相，此時，他賴以維生的財產已全部告罄。他走出關房，無比悲憤失望、心灰意冷。他把視若超勝人間一切珍奇異寶的《水銀丹金術修法儀軌》扔進了恆河，它很快淹沒在滾滾西去的恆河水之中。從外到內，他一無所有。

他四方漂泊，一天，來到了屋之伯下。當他在那兒的一條河中沐浴時，身體碰到了漂浮在水面上的一樣東西，他拿起一看，正是自己曾投入恆河的《水銀丹金術修法儀軌》。它完好無損，字字清晰，在恆河的千萬條支流之中，它竟然能與他再次相遇！這帶給他一個秘密的訊息，並在他心中燃起無以名狀的希望：這是他修此法將獲得成就的象徵！

他回到家鄉，以一種前所未有的信心和虔敬依法潛修，一天，他看見白色的、晶瑩如珠的水銀右旋沸騰，並發出清幽的妙音，房中也降落下瓣瓣花雨。他驚奇莫名，一一詢問家人，可誰也不知道怎麼會出現這樣稀有的景象。貝勒巴有一個愚笨的女兒，她說：「有一次，我來月經的時候在這個房間沐浴，從那以後，就出現了這種現象。我也不知道是為什麼。」

貝勒巴詳細觀察，思維前前後後的所有經過，最後終於發現：以前，他不知道什麼叫紅橄欖，在修水銀丹金術時，需要一個秘密的配方，在這個配方中有紅橄欖。他曾經四方尋覓，可一直不能如願以償。是他愚笨的女兒在屋中沐浴時，一滴經血滴到他的水銀丸上，才使他修持了如此之久的水銀丹金術才得以成就！

自此以後，在長達六個月之久的時間裡，他遵循儀軌，小心翼翼地享用水銀，在無有任何疑惑的感恩心境

密宗大成就者奇傳

129

中精進修行。不久，他一家六口——包括他和妻子，兒子和兒媳，女兒和一匹馬，全部依靠聖物加持獲得了持明果位。

貝勒巴成就之後，生起吝嗇之心。他飛離南贍部州，把自己隱藏在須彌山大海中的一個小島上，在他居住的一塊天然大岩石的四周，挖了一條深深的壕溝。這樣就沒有人可以越過它來到他面前，向他索討他的水銀點金劑。其實，他是依靠黑魯嘎明咒成就的悉地。

龍猛菩薩聽說了他的成就。他有一雙依靠空行母的明咒可以在虛空中飛行的鞋子，它們用樹葉織成。他把其中的一隻藏在身上，另一隻穿在腳上，穿越空中，徑直降落到貝勒巴隱身的小島，並向他求取水銀點金劑。

「如果你給我你的鞋子，」貝勒巴說，「我可以給你。」

龍猛菩薩與他一言為定。

龍猛菩薩在貝勒巴面前聽受了水銀丹金術的所有教言，貝勒巴把它們全部傳給了龍猛菩薩。龍猛菩薩脫下腳上的一隻鞋，雙手敬奉，供養給上師。他穿上藏匿的另一隻鞋，騰身而起，飛回了南方。從此，丹金術的教言被龍猛菩薩廣泛地弘揚開來。

在印度北方一個叫麼那扎的地方，有一座登果匝山。當年，龍猛菩薩曾想用水銀點金劑把它變成一座金銀山，以此遣除眾生的貧窮和困乏。可度母認為，未來

眾生會因為貪欲，而為它引發無窮事端，造成流血和戰爭。為了制止他，度母加持登果匝山在瞬息之間變成了一座鹽山。如今，人們都稱登果匝山為「拉茲拉山（鹽山）」。

51. 焜然之燈扎拉巴茲瓦

很多寂靜的時刻，在貝勒巴的心裡，隱然生起陣陣自慚和愧意——為了自己因慳吝之心，殫精竭慮地躲藏在這須彌山大海中的小島上。他穿上龍猛菩薩的那隻鞋子，飛回南贍部洲。他的身體雖然已經獲得了持明果位，可他內在的證悟尚未全部具足。他浪跡在塵土飛揚的酷日下，懷著熱切、謙卑和虔誠的希望，期盼能值遇他生命中的上師。終於，有一天，他的上師出現了。

他就是阿闍黎扎拉巴茲瓦，一位大手印成就者。貝勒巴在上師面前聽獲了獨到的教言，他廢寢忘食地精進修行，不久便在相續中生起了殊勝的智慧。開悟之後，一首又一首金剛歌從他的心性中層出不窮地湧現。道歌之聲伴隨著他遍及他走過的每一片塵埃，饒益了經過他身邊的每一個眾生。為了報答上師的深恩，他把他的丹金術教言奉獻給了上師。上師扎拉巴茲瓦依循水銀丹金術的儀規修持，立即獲得了成就。他將此修法廣泛弘揚，利益了無邊無際的眾生。

在印度扎馬拉一帶，生活著許多牧民，其中一位首

密宗大成就者奇傳

富家中有幾千頭犀牛、犛牛和野黃牛，還有駿馬和山羊。他家的兒子娶了一個媳婦，媳婦生了一個特別善解人意的兒子。

有一次，當地舉行盛大的宴會，慶祝一個傳統的民間節日。家中所有人都身著盛裝奔赴宴會，只留下媳婦與小孩。此時，很多世以前已經註定的因緣在這一刻成熟，大成就者扎拉巴茲瓦宛如從天而降般出現在他家門前。他向媳婦化緣，媳婦欣然請他進屋，供養他豐盛的齋飯。阿闍黎告訴她，「如果你家人沒有不高興的話，請準備齋飯，我明天來應供。如果他們不高興的話，我在山上的森林裡燒火，你到我跟前來。」

天暮時分，家人們歸來，發現器皿裡的食物均剩下了一半。儘管媳婦再三解釋，家人依然勃然大怒，對她漫罵呵斥。媳婦哭著帶孩子跑到了山上。一團溫暖閃爍的篝火，照亮了無比黑暗的山頭，如永不泯滅的焜然之燈，把她引導到上師面前。上師傳授她丹金術的修法，母子二人均獲得持明身體。人們聞訊尋跡而來，向上師懇乞教言。上師把丹金術傳給了他們，有三百多人獲得了持明果位的身體，並因此得到了極大的利益。

消息傳到王宮，國王帶著眷屬來到扎馬拉。當國王進見上師，向上師頂禮時，阿闍黎雙目威光赫赫地怒視著國王，手中的碗「哐啷」一聲掉在地上。碗落之處，龍女從地下應聲而出，向國王惠贈了許多龍宮裡的珍異

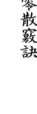

寶珠。國王知道阿闍黎是非凡的成就者，他在山上的岩洞旁為阿闍黎造了兩座殿堂，一座供阿闍黎與兩母子居住，另一座供給阿闍黎的三百弟子。

不久，那個孩子也能賜人悉地。他的眼睛能夠賜眼藥，耳朵賜妙丹，口賜寶劍悉地，鼻子賜土行，金剛杵賜點金劑，肛門賜丹金術。他們三人住在一席墊子上，直到彌勒佛出世之前，他們將一直如此饒益眾生。人們稱那裡為「扎巴扎之」。據說，如今只要人們向他們至誠祈禱，立即就可以獲得悉地。

52. 把明妃幻變成雞的格格芝巴

扎拉巴茲瓦的弟子是大成就者格格芝巴。

據說他是獲得阿闍黎拉耶巴的外灌頂而成就的，事實究竟是否如此也不一定。不過，格格芝巴在拉耶巴上師前獲得了所有竅訣，他在雲遊屍陀林時接受了十二個明妃，每次，她們跟隨上師去城中時，上師便把她們全部幻變成雞。因此，人們稱他「格格芝巴」。有兩位成就者叫格格芝巴，雖然同名，但風貌迥異，事實上，兩人是同一心識。

格格芝巴的弟子是門拿巴。

53. 魚肚裡住了十二年的門拿巴

門拿巴是印度東方馬卡日的一個漁夫，曾修持過風

瑜伽。有一天，他用魚竿釣到一條大魚，結果被那條大魚拖下河，一口吞噬入腹。因為他的壽異熟業和受用異熟業均未盡，並修過風瑜伽的緣故，所以在魚肚裡未死。洛河達河流的源頭出自冰雪皚皚的藏地，它流經一座叫厄馬哥日的大山。那條吞噬門拿巴的大魚就在那條河裡，牠游到厄馬哥日山的山腳下時，大自在天正對厄馬得瓦天女宣說風瑜伽。漁夫將聽到的大自在天所傳修法一一牢記，並在魚肚裡日夜修行，但一直沒有成就的徵兆。一天，當地的漁夫抓住了那條大魚，剖開魚肚時，發現裡面坐了一個金剛跏趺而坐的人。

這時，馬卡日以前的國王已經去世，門拿巴的兒子也已經十三歲了。他在暗無天日的魚肚裡整整住了十二年！

門拿巴帶著兒子來到上師扎茲巴面前。他一直渴求著能遇到一位殊勝、具緣的上師，在其前親聆教誨與指導，此刻，盼望期待已久的這一天終於實現了！之後，他秉持上師無比珍貴的教言，如飢似渴地修行，父子二人均獲得了卓越成就。人們稱父親為大成就門拿巴，兒子叫大成就者瑪茲扎巴。

54. 被砍斷四肢的太子卓讓嘎巴

門拿巴有三位獲大成就的弟子：哈勒巴是一個農夫；馬勒巴是一個守林人；剛巴勒巴則是個算命先生。

門拿巴的兒子馬茲扎巴有兩位心子：卓讓嘎巴和果繞夏納塔。

卓讓嘎巴是一位太子，為王后所生。因他相貌莊嚴，骨骼俊逸不凡，招致國王的第二個王妃對他心生情愫。一次，國王因國事外出，王妃藉故常到太子跟前，話語撩撥，嬌態百種，可太子纖塵不染，一身清虛凜然之氣。王妃求愛不成，惱羞成怒。當國王從遠方歸來時，她把自己的衣服撕爛，烏黑的雲鬢撒滿土灰，將身上弄得皮破肉綻、血跡斑斑，等候著國王。國王來到她的寢宮，驚問：「愛妃，這是怎麼一回事？」王妃淚如泉湧、泣不成聲。

「都是你的太子幹的好事！」她說：「自從你走後，他一直來求愛，死纏白賴，我沒有答應他，他就對我作出這樣的事！」

國王聽後怒不可遏，他不假思索，便下令砍斷太子的四肢。國王手下砍斷太子四肢之後，把他扔到了驛路邊的一棵大樹下。

一天，阿闍黎馬茲扎巴出現於那條驛路，駐足在這位令人不忍目視的悲慘太子前。太子見到上師，如見到生生世世的父親一般，所有的委屈和辛酸湧上心頭，他把自己的一切向上師傾囊而瀉。上師的目光無限悲懷，充滿深愛。

「你的生活我可以解決，不過，你能不能答應我修

行十二年？」

太子含淚點頭。

上師告訴他的一個家財豐厚的牧民弟子：「在那條驛路的一棵樹下有一個手腳被砍斷的人，希望你能在十二年中供養他所需的飲食。」牧民弟子答應了上師。

十二年過去了。

一天，一群商人星夜兼程，從太子身邊經過。

「你們是什麼人？」太子在樹下問。

商人以為他是國王的收稅人，便謊稱：「我們是賣木炭的。」

但太子解讀他們的心就像看碗中之物一般容易。他說道：「既然如此，就願你們所有的物品都變成木炭。」

第二天拂曉，商人們趕到城中繁鬧的市場，打開牲口身上馱著的口袋，發現所有的貨物都變成了木炭。他們在一起反覆追憶商討究竟是什麼原因，最後，他們想起了太子說過的那句話。當時他們每個人都聽到了那句話，可沒有任何人在意。明白之後，他們心急火燎地沿路返回，十分擔心那個沒手沒腳的人會從空氣裡消失。他們來到正在等候他們的太子面前，既焦慮不安，又充滿希望地懇求他的寬恕，祈禱他千萬讓他們的貨物復原，太子說：

「那就讓它們復原吧。」

商人們趕回市場，發現那一袋袋木炭已變成他們失去的貨物，他們欣喜若狂，用獻新之物供養阿闍黎，可太子搖頭沒有接受。他深邃的目光直視前方的虛空，發下如是之願：

「願我的身體能夠恢復如初！」

話音剛落，他的身體已完好如初。

其後，太子將無量有緣眾生置於解脫安樂之洲，在智慧事業圓滿之際，他結束了此生在南贍部洲的化現，飛回了他的來處——清淨剎土。

55. 果繞夏納塔——令一千萬眾生得度

阿闍黎馬茲扎巴的第二位心子是大成就者果繞夏納塔。

果繞夏納塔出生牧民，後來成為一位頗具天分的廚師，可是，他在隨後遇到了阿闍黎馬茲扎巴。在獲得上師的教言之後，他斷盡一切瑣事，遠離塵囂，晝夜修持，最終獲得了悉地和神變。在身心無限自由的自在與安樂中，他常常想到受自心束縛的可憐眾生。

「我應該把自己的證悟境界傳達給他們。」他想。

他的足跡遍及各地，長久以來在內心苦苦尋覓解脫的人們遇見他，如乾枯之樹獲遇甘霖一般，他的教言令他們覺醒了心中的明鏡。他以非凡的心力發願，在一千萬眾生未得度之前他絕不去清淨剎土。他的願望如是實

現，他成為一千萬眾生的祥瑞依怙。他的偉業宏大遼闊，在此恐繁不述。

他有十二位大弟子，其中一位受教傳承的弟子是大成就者嘎那日巴。

56. 嘎那日巴——與「哈哈拉邦嘎娜」同眠

嘎那日巴是梅日地方的一個國王。雖然他王妃眾多，可在娶了邦嘎娜王妃之後，他體會到了一種極為深厚濃郁的感情。幾年來，他們心靈交會，兩情繾綣，難捨難分。一天，國王突發奇想，想考驗邦嘎娜王妃對他的情感究竟深有幾許。他讓人對王妃謊稱國王已經被老虎吃掉，自己則躲在王宮的花園裡，觀察王妃的反應。邦嘎娜聽到了這個消息，她的世界坍塌了。她傷心過度，五臟俱焚，終於氣絕身亡。

邦嘎娜的屍體被扔到了尸陀林，國王終日廝守在邦嘎娜的遺屍前，寸步不離。他不回王宮，一直在屍體前叫著「哈哈瓦邦嘎娜」！屍體慢慢腐爛，露出累累白骨，白骨漸漸地風化。有人說，國王就這樣過了八年，也有人說，國王和邦嘎娜的骷髏過了十二年。

一天，大成就者果繞夏納塔來到尸陀林，雙手捧一隻盛水的瓦罐。他兩手一鬆，瓦罐悠悠墜落，裂成碎片。這個瓦罐名叫「賊波」。果繞夏納塔傷心欲絕，不斷地叫著「哈哈瓦賊波」！他一直哭著，守著「賊波」

的碎片。國王在一邊忍無可忍，暫時停止了對邦嘎娜的思念、悔恨和呼喚。

「你這個瑜伽士真的很笨！」他說：「瓦罐破了，值得你這麼傷心嗎？難道它會永遠不碎嗎？你再找一個瓦罐不就完了！」

「你這個人也很笨，」阿闍黎說：「我的瓦罐碎了，還有碎片，你的邦嘎娜連微塵也不見了，你還在這裡痛苦不堪。」

國王如夢初醒，恍然明白這一切都是這個瑜伽士的權現，他是一位大成就者。他立刻請求果繞夏納塔攝受。

「有一個條件，」上師說：「你要捨棄王位。」

國王嘎那日巴棄王位如敝帚，跟隨在上師身後。上師時常示現酷愛酒肉之相，一天，前國王嘎那日巴進城為上師購買酒肉，有一個女人有六頭豬、六瓶酒出售。她對嘎日那巴說：「你就是拿來金山銀山我也不會把它們賣給你，如果你把右眼珠挖出來，我就把它們全部給你。」

嘎那日巴毫不猶豫，當下挖出他的右眼珠。他回到上師的住處，把肉和酒供養給上師。

「你的右眼怎麼了？」上師問。

「為了供養上師，我把它挖出來給了賣肉的女人。」

密宗大成就者奇傳

「真的嗎？」上師說：「如果這是真的，那你把左眼珠也挖出來吧。」

嘎那日巴立刻挖出左眼，雙手敬奉給上師。上師極其歡喜，為他做了特殊加持。三年之後，嘎那日巴的雙眼恢復如初。又過了三年，上師證悟的深意融入他的相續中，他體驗到了深度法界天空一般的心性。

嘎那日巴又叫貝拉嘎塔，他的弟子是那果巴，藏語稱為「裸體尊者」。當代有很多人把嘎那日巴和巴塔日混為一談，這是一個極大的錯誤。

57. 裸體尊者那果巴

那果巴身上連一件氆氌也不穿，因此被稱為「裸體者」。一次，他到南方果日王妃的後宮傳授教言，國王心生極大的嫉妒和嗔恨，他把阿闍黎的五肢全部砍斷，扔於各方。可轉眼之間，它們又回到阿闍黎身上，如此一再反覆。當國王第七次砍斷他的五肢時，他向國王發出詛咒，國王的五肢當即自然斷裂，並一命嗚呼。眾人向上師苦苦哀乞，經上師加持，國王死而復活，五肢得以恢復。後來，這位神奇的阿闍黎去了玻玻那山，至今未捨色身，永駐人間。

58. 「罐怙」果仁納塔

裸體尊者那果巴的弟子叫果仁納塔，他也是小布日

巴的傳承弟子，人們稱他「罐怙」。

在果仁納塔修行的最初幾年裡，一直為世間瑣事而散亂，心意無法集中，修行不見任何效果。有一天，他痛下決心，發願坐進一隻大罐，若不得到悉地就絕不出罐。他進入罐中外緣盡滅，內心頓歇，漸入佳境，進入了一緣專注的三摩地，並在罐中一住就是十二年。十二年的修習、淨化，祛除了他所有的業障，他終於瓜熟蒂落獲得了成就。

之後，他向有緣眾生傳授教言，在此生所化有情圓滿之際，他在恩師裸體尊者前示現遁身，消失在觸手可及的空氣中。

59. 乞丐屋郭繞納塔

「罐怙」果仁納塔的弟子是屋郭繞納塔。

屋郭繞納塔是印度中部一位國王種姓的兒子。自幼父親早亡，被哥哥養大。屋郭繞納塔在「罐怙」果仁納塔面前聽獲了金剛瑜伽母的修法，除此之外，十八年中，他沒有學過一樣世間或出世間的學問。他的嫂嫂對他寄居她家，不學無術、無所事事的情形早就忍無可忍。

「像你這樣愚笨的人在這個世界有什麼用！」她常對他投以鄙視的目光，用惡言侮辱他。最後終於將他逐出家門。

屋郭繞納塔淪為最底層卑賤的乞丐，對人世生起了強烈的厭離之心，滅盡了對世間的一切貪欲和執著。除了以乞討果腹外，在其餘的時間裡，他完全沉浸於另一個世界。他一心修持曾從「罐怙」尊者那裡得到的金剛瑜伽母修法，如此過了十六年。十六年之後，他獲得了勝妙的禪定。

　　他前往厄馬天女的勝地赫嘎拉則，在天女的石像旁入於深度的三摩地，一次入定就長達六個月。厄馬天女感到深深地恐懼和擔憂。

　　「瑜伽士，」她說，「日德得禾咯呐革呢德呢德誒。（我可以賜你神變和寶藏。）」

　　「神變和寶藏有什麼用？」他回答：「如果你能賜我智慧悉地，我可以接受。」

　　「我沒有智慧悉地可以賜給你，」厄馬天女說，「你應該從果嘎尊者那裡求取此悉地。」

　　聽從天女之言，屋郭繞納塔開始了尋找果嘎尊者的旅程。

　　一天，他來到果塔巴日，在無數瑜伽士的行列中，處在最末位、最卑下和默默無聞的那位就是果嘎尊者。他滿臉疙瘩，相貌醜陋，四肢流著膿血，令人見而生畏，避之唯恐不及。屋郭繞納塔來到他面前，極為恭敬地向他頂禮，懇祈尊者賜予他智慧悉地。尊者的目光富有深意，他將一碗湯做了加持，賜給瑜伽士。瑜伽士一

口一口小心虔誠地喝完了它。從此，他對一切所知均獲得了自在，原始法界大清淨的法性在他心中顯露無遺。他獲得了大成就，每一個眾生都因見、聞以及接觸到他而啟開了心性之門。

屋郭繞納塔把教言傳給了大班智達繞德各巴。

60. 兼容並蓄的繞德各巴

繞德各巴出生在印度南方，是一位商主種姓的兒子。自幼，他就對出家人飄然出塵的風采心馳神往，長大後，他終於如願以償，在佛教一切有部中落髮出家。他天賦超群，《戒律十萬頌》、《般若十萬頌》等論典都能一目十行、過目不忘。對於外道的各種學問，他也興趣盎然，它們在他開放寬闊的心胸內兼容並蓄，無有任何衝突和對立，均啟發了他的想像力和理解力，從不同的層次和側面為他開啟了通向無限之門。

為了尋找最神秘、最令他怦然心動的密宗金剛乘的深奧要義，他的足跡遍布東方大海上無數遠離人間的海島和西方許多證道真人出沒之地。他在大阿闍黎寶稱上師前，以十三壇城獲得了灌頂；在繞康地方，大阿闍黎加納各巴前以十六壇城獲得灌頂；並在尼泊爾班智達繞夏巴拉桑哈前獲得灌頂和教言，聽聞了大量續部。

一次，在印度東方一個盛大宴會上，他遇到一位衣著破爛，相貌奇臞，酷似外道的瑜伽士，兩人交談時，

繞德各巴驚奇地發現他有他心通，他問瑜伽士姓名。

「我是成就者阿思達嘎那。」瑜伽士平靜地說。

繞德各巴依止阿思達嘎那尊者一個月之久，他為他講解教言，它們來自他深層的實證經驗。同時，他依止大成就者屋郭繞納塔，在他面前聽受了無數教言。在他一生中，曾在南方的日勒繞德等地的三十個寺院裡擔任過住持長老，他了知《五十續部》的一切密意與注疏，對生起次第道獲得了穩固的超離意境之境界。

實源語第八品零散竅訣終

第八品 零散竅訣

第九品　一切教授歸於一體

61. 境界超過那洛巴的寂密

上述的所有傳承，大成就者寂密全部具足。

寂密尊者在印度南方喇嘛扎（水壇）降生，為國王種姓。他從小就與其他孩童截然不同，眾多的世間學問和因明、聲明等，他一經接觸，即能融會於心，並被賦予深入獨特的理解。他父親是一位密咒士，在意覺受中親眼現見過度母，度母授予他灌頂和修法，他把它傳給了少年寂密。自此，寂密對世間輪迴盛事已興味索然。

二十二歲時，他來到大海岸邊一個叫貢戈那（金幢）的地方，那裡的道場聞思興盛，道風肅然清淨，恍若不聞雞犬之聲的天外花園。其內住有五十位比丘與在家居士共一千多人。親教師是諸智者之源——阿闍黎繞登各巴，寂密在他面前受了近圓戒（比丘戒），學習了聲聞、唯識和中觀各大派卷帙繁複的經文和論典，並獲得了根本性的了解。他音色柔美，常以嫻熟的背誦方式為別人傳講《般若十萬頌》及《唯識四經》等。因為沒有財物供養上師，他心中一直憾然有愧，不能釋懷。

為了實現供養上師的心願，他前往斯里蘭卡諸島。那時，他已成就了馬哈嘎拉法力強大的密咒。他以妙音為人們宣說無垢正法，受到當地信眾極大的恭敬和歡迎。他把所獲的利養全部換成七寶供養上師，向上師竭

密宗大成就者奇傳

誠祈請，乞求授予甚深的灌頂和竅訣。可上師只授予他共同灌頂和《五十續部》的教言，而沒有授予他不共的灌頂和口耳相傳的密訣。

多年來，他以珍惜敬信之心，三門謹慎地承侍上師，無論上師或寺院小至掃地的任何事，他都無有不作，沒有任何怨尤和分別。除了自己的三法衣外，所有的財產他悉數供養上師，自己則在城中化緣為生。如是六年，他淨化了心流中粗細的染垢，圓滿了資糧。上師賜予他最勝的灌頂、加持與竅訣，他的相續中生起了從未有過的善妙覺受。後來，上師圓寂，他成為所有寺院的教主，任僧眾上座長老（僧眾中戒臘最高的比丘）達九年之久。

每到萬籟俱寂的夜晚，寂密尊者便入於三摩地。但因為身為教主，所以時常會被寺院和僧眾的各種瑣事纏繞，使他的禪定無法深入，智慧也無由增長。他請求僧眾開許自己能辭去方丈之位，可僧眾們拒不同意。

於是，上師開始示現喝酒之相，他醉醺醺地來到城中，在街上變換各種音調和語言，或高歌，或深情地低唱。他到大大小小的城門口跳各式舞蹈，在城中引起轟動和圍觀。僧眾們聚集一堂，激烈討論這件令所有出家人蒙羞受辱之事，最後達成一致意見，他們告訴尊者：

「因為上師精通佛法，所以我們不應懲罰，從現在起，你可以按照自己的意願，隨心所欲地離開了。」

上師心中不由一笑，他終於如願以償了。

尊者開始了他嚮往已久的雲遊生涯。他在茲瓦拉城外的一個茅棚裡修行了三年，又前往西方鄔金地區，在那裡待了三年。

一次，他看見河岸邊有六個妓女在洗澡，一會，她們轉到一堵牆後，他悄悄上前，隔牆偷聽，原來，她們正在研討「回遮六訣」的難點和精要。諸如此類的稀奇之事一路伴隨著他，時無間斷，在諸多金剛空行母的引導下，他的智慧迅速增上。但是，他尚未證悟法界的真如本性。他一直在尋找開啟他心性之門的上師，他深信他在天地一隅，或許離他很遠，或許就在他身邊。只要與他相遇，他就會迥然不同。

一天，他懷著哀傷和惆悵，思念著他的不知身在何處也不知姓名的上師，不知不覺間走進一家酒坊，賣酒女瞬間變成了殊妙莊嚴的金剛瑜伽母。

金剛瑜伽母對他說：「東方，有一個叫智友的上師，他會滿你所願，使你獲得悉地。」

尋找上師的路途是多麼漫長而充滿激動和希望啊！

寂密前往東方，進入一座陌生的城市，他四處詢問，可沒有人知道那個名字。他前往扎雅布，在瑜伽士的聚集地打聽，可誰也不認識他，除了一位年老的瑜伽士，他歎息著眺望遠方，並說道：「這位上師是我們所有瑜伽士中最有威望的一位上師，可是，他已經離開這

密宗大成就者奇傳

裡很多年了，如今，已經沒有人知道他的去向。」

一天，寂密來到一座森林城的郊外，看見一個現在家相的行腳僧正睡在一座佛塔的陰影裡。寂密向他致禮，問他是否知道智友上師。

「知道，」行腳僧人說，「我正準備去見他。從這裡往東，有一個叫德布繞的城市，他就在那裡。」

寂密幾乎不能相信自己的耳朵，他欣喜若狂地說：「你能不能和我同行，帶我見他？」

「如果要我給你指路的話，」行腳僧說，「你必須幫我把行李背到森林城。」

寂密二話不說，便背起行腳僧沉重的行李。僧人在前，寂密隨後，剛行不久，便從路邊跳出幾個強盜，他們看中了寂密背上的大包。寂密用石頭砸他們，令他們怒氣沖天。他們把寂密打得不能動彈之後，繼續用腳狠狠踢他、踐踏他，直到以為他已經死去為止。

在他重新睜開眼睛時，行腳僧已經不知去向，他見到一位陌生而又熟悉的上師，他的面容是那麼深邃、沉靜，如同一位聖僧。他正專心致志地用清水為他洗滌血肉模糊的傷口，念密咒為他加持。寂密對他油然生起信賴、依戀和感激之情。在上師的加持下，他迅速恢復，並和上師一起同行到了德布繞城，接著，他急切地問上師：

「你能不能帶我去見智友上師？」

第九品 一切教授歸於一體

上師帶他來到一個靜謐的湖泊邊，指著倒映在澄清碧水中的倒影，告訴寂密：「這就是智友上師。」

這一刻，寂密的相續中生起了從未經驗過的善妙等持。他淚水盈眶，在湖岸邊的碎石瓦礫上向上師叩拜。

「請上師一定要攝受我！」他說。

上師的臉一沉：「你的膽子太大了，一點規矩都不懂，你什麼供養也沒有，怎麼敢妄說要上師攝受你！」說完，上師劈頭蓋臉把他打了一頓，拂袖而去。

不久，寂密遇到一位富裕的施主，他迫不及待問那位施主，

「如果我給你做僕人，你一天可以給我多少錢？」

施主說：「每天可以給你德那（金子的極小的一個計量單位）金子。」

寂密在施主的農莊裡做了一年的僕人，後來，他時常心有餘悸地對人說：「在印度做農夫非常痛苦」。他把所得的「德那」金子和一些別人所供之物全部供養給上師，之後，便一直跟隨在上師身邊。

一次，師徒在森林中遇到一頭繫著鼻繩的犀牛。上師說：「把牠牽上。」上師在前，寂密牽著犀牛隨後而行。牛的主人尋跡而來，他一把抓住寂密，把他打得昏死過去。在上師的加持下，他才甦醒並漸漸康復。

一天，上師把他的財物寄放在一戶農家的一個堆滿乾草的柴房裡。師徒二人從城裡回來時，只見那間草屋

密宗大成就者奇傳

烈火熊熊。上師焦慮不安，來回走動，寂密說：「上師，我去把行李搶出來。」

「去！去！」上師說。

寂密從火海中搶出了上師的行李，可他全身布滿了水皰，手腳露出了白骨。他一直處於深度昏迷之中，一念清晰之時，他想，「這回，我肯定要死了。可是，就是死，也是為了上師的財物。」他不僅沒有悔意，而且十分欣慰，並歡喜而平靜地等待著死亡。

事實上，上師的行李中沒有任何昂貴物品，僅有一個水瓶、一隻椰子碗、一個木質曼荼羅盤以及一個嘎巴拉（天靈蓋）。上師為他念咒，用秘方配製的藥為他敷傷，不久，他慢慢地痊癒了。

雖然又一次遠離了死神，可寂密對上師的愧疚卻越來越深。他心意已定，暗暗發願：「像我這樣醜陋的身體，為了治病用完上師的藥很不應理。雖說是為了上師而苦行，但這全是為了自己，從此，我不應該再接受上師的密咒和藥，讓上師為我治療了。」

有一天，他跟隨上師坐海船去東方繞康，忽然，船頭高聳，船上的人叫作一團，一條巨大的白鯊正準備向他們的船進攻。寂密怕上師受到傷害，用長矛刺入大白鯊的身體，白鯊咬住了他的腿，正當他將被白鯊拖下水之際，他猛烈憶念上師，白鯊鬆了口，回到大海深處。雖然他骨頭破碎，血流不止，可他堅決不讓上師為他醫

第九品　一切教授歸於一體

治。第七天黎明，持續的高熱和令他一刻不寧的疼痛消失了，他不治而愈。

之後，上師在繞康的一個山洞裡閉關，寂密則徒步奔走於繞康的山洞與大小城市之間，尋找上師賴以維生的資具。那一帶河流縱橫，寂密不得不經常下水泅河而過。河裡有一種叫「思薩拉底」的凶猛動物，藏人稱「不拉鯨魚」，他曾被牠咬過三次。因他及時憶念上師，加上累世的修行功德和自身已經具有的法力，三次都從「不拉鯨魚」的嘴裡逃脫。他還遇到過「嘎嘎日」猛獸、鱷魚及巨毒的水蛇，在被牠們咬過之後，他的全身體無完膚、傷痕累累。可他從未接受過上師的密咒和藥，而是從其他途徑尋找藥和密咒為自己治療。

上師在繞康山洞住了三年，他有五位殊勝的瑜伽弟子和十二位明妃，他們聚集一堂，常常舉行薈供。寂密則無暇參與，一心忙於往來籌備他們所需的食物、用品和薈供品。所有的毒蛇猛獸都潛伏在亞熱帶的雨林之中，在瘴霧和水面的隱蔽下，等候他穿行而過。

三年來，雖然歷盡艱辛，可他從無疲厭。上師身邊的眷屬都相繼獲得了成就，只有他還停留在原地。三年後，他跟隨上師坐船來到班嘎拉。從初見上師直到那時，上師未曾給他傳過一句教言。一天，他鼓足勇氣，向上師叩拜頂禮，請求上師傳他竅訣。上師極為不悅，冷笑一聲，口出一偈：「無有供養說攝受，此人獲得真

密宗大成就者奇傳

如後，旋即與師爭高下，金剛薩埵亦懼怕。」

說完，上師「霍」地站起，拂袖出門。寂密慌忙起身追趕，只見上師憤怒的背影越走越快，刹那間，上師的身影已消失不見了。

在這以後的七天裡，他每天穿行在大街小巷的每一個酒肆、店鋪和門洞，從凌晨到深夜，可是卻沒有看見上師熟悉的身影。他先到附近的城鎮和村落詢問，隨後又越走越遠，她走過了無數城市。每一個城市的每一條街上的每一個門面，他都挨家挨戶地問過。他望眼欲穿，可上師仿佛已在空氣中蒸發，沒有人聽說過他，也沒有人見過他。

兩個月以後，他來到果繞奘扎城。七天裡，他猛烈祈禱上師出現，就像他們初次相遇時那樣悲憫他。他聲淚俱下、一心至誠，七天七夜未曾間斷，可上師依然沒有出現，他絕望了。沒有上師，他的世界便空無所有。如果此生再也無緣得見上師，他的生命還有什麼意義？！

他爬上一座著名的山峰，在山頭欣賞風景的人們見他衣衫破爛、神色有異，不禁竊竊私語。在對上師的極度渴望中，他呼叫著上師，縱身跳下崎嶇的山崖。可是，他不僅沒死，連四肢也一點沒傷，甚至連皮也沒有擦破。他坐在地上，放聲大哭，不知過了多久，一個柔美的聲音在他耳邊響起：

「好弟子，你在做什麼呢？」

他抬頭一看，是他熟悉的上師的一個明妃。上師的明妃就是他的上師，他立即起身在她足下頂禮。

「我的福報很淺，」他說，「和上師走丟了。」

「上師肯定會攝受你的。」她說。

「真的？」他半信半疑，略略有些歡喜，「上師在哪裡？」

「上師到我家住了幾天，現在在尼泊爾。」

寂密還想問，可她卻在他面前兀然不見了。他呆了半晌，心中重燃希望。他正準備上路，那些看見他跳崖的人已紛紛趕到山腳下，將他團團圍住。他們震驚地盯著毫髮無損的他，問他究竟是為什麼？寂密奮力撥開重圍。這些人真討厭！他想，人家丟失了上師，可他們還一個勁地問為什麼。有誰能夠知道他的信心、依戀和思念，理解他的痛苦和無望啊！

他來到尼泊爾，足跡遍及尼泊爾的每一處古蹟和聖地。

他的身影出沒在城市的屋簷巷角、鐘樓塔廟，沒有一個人見到過他的上師。他到了雅瓦，一個馬哈嘎拉殿堂的香燈師對他說，「那位上師在這裡住過幾天，行持密宗禁行，現在應該在嘎馬日。」

他立刻前往嘎馬日。在穿越森林的途中，他遭遇了強盜、猛虎、水牛和犀牛，一路險象環生。他一直憶念

密宗大成就者奇傳

上師，未受到絲毫傷害。到了嘎馬日的嘎日扎嘎扎（加德滿都）城，他終於見到了上師。他歡喜莫名，手足無措，不知如何表達這失而復得的強大喜悅，他無法終止地五體投地頂禮上師，磕了成千上萬個頭，願生生世世和上師永不分離。上師終於開口：

「我的上師叫阿思達嘎那，上師前往清淨聖地的地方，是一個叫黑壤巴的懸崖頂上，如果你真的需要竅訣，就在那裡給我造一個五人高的紀念塔。」

寂密來到黑壤巴的懸崖頂上，他把別人供養的上等質料的衣服換了造塔的材料，自己背土、做磚、一鍬一鍬挖地基。一位施主見他要徒手完成如此大的工程，就略施援手。黑壤巴懸崖頂上的白塔終於巍然屹立，在陽光下閃耀著金色之光。寂密興沖沖地來到上師面前，不料卻遭上師一頓斥罵。上師說，他違背了和上師的約定，他從沒說過他可以讓施主幫助完成。上師很長時間沒有搭理他，在一年中沒有給他任何教言。

不久，他們來到屋之夏城，一個叫嘎塔嘎巴那拉斯的區域。

上師說，「那裡有一個鐵匠，家裡有很多金子，你去把它偷來供養我。」

這是一個以吝嗇著稱的鐵匠，不管是內道還是外道的出家人，他均投以蔑視的目光。得到上師指示後，寂密徑直前往鐵匠家。鐵匠的看門人比狗還要凶猛，見他

就打，可寂密高大強健，只用一隻手壓住他的身體就進了門。鐵匠正在屋中打鐵，見有人破門而入，不禁怒從心起，舉手把一鍋沸騰的鐵水倒在寂密身上。可是，鐵水沒能燒燃他的衣服，更不要說傷及他的身體。鐵匠急忙放出長著毒牙的惡狗，牠們撲到寂密身上撕咬，可他柔軟的肌膚似堅硬透明的金剛石，牠們對他不能做任何損害。他鎮定沉著、堅不可摧，內心如如不動。鐵匠不能相信眼前的一切，對他略微生起信心。

「那，那你坐下，」鐵匠結結巴巴地說，「我供養你食物。」

鐵匠供給他行將變質的剩飯，沒有任何菜蔬。可寂密極為歡喜，慢慢地享用了它。鐵匠無法理解，生出一絲好奇。

「既然這樣的食物你就能滿足，那明天你也可以來。」他說。

從此以後，寂密常去鐵匠家，並暗暗探察到鐵匠的藏金之處。鐵匠含辛茹苦地勞作，積有一千兩金子，不僅對任何人一毛不拔，自己也從未捨得享用。一次，趁鐵匠正忙時，寂密偷出了金子，並供養給上師。

第一次，寂密聽到上師的稱許，看到上師臉上動人的微笑。

「善男子」上師說，「你做得很好，吝嗇人的財產一定要供養給其他人。現在，你把它供養給繞康地方的

密宗大成就者奇傳

僧眾。」

　　不久寂密進城，被日夜匍匐守候的鐵匠一把抓住，交給了國王摩根達得瓦。國王審問了這位高大、威嚴、令人見而生信的盜賊，他一口承認，並無有絲毫隱晦地敍述了事情的全部過程。此時，這位不尋常的盜賊和他傳奇的偷盜故事傳遍了全城，百姓紛紛聚集到王宮門外聽候消息。

　　「你為什麼要偷他的金子？」國王問。

　　「通過偷搶的方式，將吝嗇人的財產布施供養他人，可以增上他的福德。」寂密回答。

　　寂密的話傳到守候的人群中。人們一邊笑一邊搖頭說：「這是我們所聽到過的最狡猾的辯詞，這個盜賊雖然狡猾，但也很鹵莽，誰會相信他呢？他居然敢把自己偷盜的行為看作是功德！」

　　國王沉吟良久，他不願用酷刑來懲罰這位沉著神秘而又令人景仰的瑜伽士。他宣布，將寂密暫時關押，經過觀察再做處罰。

　　無須通報，亦不需入於等持，三時十方的一切無時不在智友上師的觀照之下。他垂念加持，一切都按照他的意願任運流轉。

　　人們逐漸發現，監獄上空集聚了越來越多的飛禽，仿佛一次不同尋常的聚會。牠們優美地盤旋，叫聲是那麼激越。森林裡的豺狼和城中所有的狗都圍繞在監獄的

第九品　一切教授歸於一體

高牆外，日夜向牆內長嗥狂吠。王宮的上空與牆外也出現了同樣的情況。人們議論紛紛，不能揭開這個疑團。第二天，國王的王宮裡出現了一位不速之客，這位算命人告訴國王，這是因為一位聖者瑜伽士被關在監獄裡的緣故。

幾天以後，智友上師出現在監獄門前。他向監獄看守拋撒金黃色的細沙，如同向他們散發花雨，他們的身體立刻僵直。監獄的每一道門都自然開啟，寂密和五千名犯人都獲得了自由。

儘管寂密被關押了半個月，可他每每想起上師那動人的笑容和讚許，背上的肌膚都會一陣陣發麻，他一直沉浸在無比激動和歡喜之中，沒有一絲悲傷和懊喪之心。

寂密跟隨上師來到黑讓嘎城。一到城市，上師立刻向他傳授了甚深教言。寂密依上師的秘訣修持兩年之後，一天，上師告訴他，「現在，我準備給你灌頂，河的對岸有一個具足法相的明妃，你把她帶過來。」

「我明天去可以嗎？」寂密問。

「今天晚上就帶過來。」上師說。

他泅水過河，在太陽快要落山的時候，到了南扎嘎拉城他要尋找的那扇威嚴大門之前。這是一個國王種姓，具足財富和勢力的權貴之家。

「我是一位過路的客人，」他說，「能不能在你家

密宗大成就者奇傳

借住一個晚上？」

她的家人望著他，躊躇不決，最後，他們還是把他請入家中。

上師授記的那位明妃正是他家的女兒，她的家人對她防護甚嚴。寂密一邊不動聲色地觀察她家的地形，一邊暗暗思索怎樣把帶她出這個家門。天色漸漸黑了下來，客人們的笑聲浪語已悄然沉寂。寂密趁人不備，潛入她房中，他念誦真言，令她欲呼不能。他把她扛在肩上，以千鈞之力砸開她家緊閉的堅固大門。他在黑暗的掩護下飛奔，那喧譁嘈雜的呼喊如同他耳邊呼呼不斷的風聲，一直追逐在他的身後。他背著她渡過了湍急的河流，看見他的家人正舉著燈火向河邊追來。夜半三更時，他到了上師面前。

「時間沒有錯過，」上師說：「很好。」

上師在曙光初現的黎明為他灌頂，於七日中，授予他不共的竅訣和特殊的加持。他們在一座龍猛菩薩修行過的岩洞內修持，明妃的家人以為他們已被急流沖走，放棄了尋找。一次，上師做火施，讓寂密做業金剛，寂密在準備的過程中出錯，上師非常不快，把灶裡的火炭扔到他身上。以此因緣，他的相續中現前了不可思議的虛空般遠離中邊的等性周遍智慧，達到了諸法的極致——法界窮盡的最後境界。從此，他成為一個大自在的瑜伽士。

那位明妃被人們稱為眉娜嘎瑜伽母，她的證悟高如虛空，難以揣測。她以四種看式饒益眾生，遇水不溺，之後，她也獲得了成就。

一天，上師把寂密叫到跟前。

「寂密啊，我已經把所有的教言對你宣說完畢，最大的事已經完成。現在，你可以去索拉薩弘法利生。最初，用無戲的行為，然後行秘密的行為，之後，會有人勸你做有戲的行為，那時，你就做有戲的行為。這樣，你即生就能獲得金剛持佛果。」

寂密說：「我已經通達了諸法的最高境界，我所有的一切都是上師的恩德所致。即生就是不獲得金剛持的果位也沒有關係，我唯一想做的就是緊緊跟隨上師，和上師在一起。」

「我是為了你一個人才在人世間住了這麼多年，」上師說，「因此，我希望你能把我的證悟境界傳遞給所有有緣的眾生。」

說完，上師在他的面前，在他眼睜睜地注視下消失於無形。這一次，即便他再從山崖上跳下，也無法再找見上師。雖然他已現前了和上師無二無別的智慧，遠離一切懷疑和增損，但是，因為再也不能見到上師的色身，聆聽上師獨一無二、親切熟悉的聲音，不能瞻仰上師那無比深沉的面容，他心中無比悲慟，雖然他依止上師只有十年。

密宗大成就者奇傳

他唱了無數的悲歌，寄託他無窮的追憶和哀思。他一邊唱悲歌一邊把他深深的境界傳達給有緣眾生，他漸行漸西，抵達了上師為他授記的地方——索拉薩。

在索拉薩地區的卓那咖薩城，他開始禁語。他的睡眠沒有固定的時間，醒來時，他入於深度的禪定，當困乏降臨，他偃然而睡。就這樣形成了一股持續不斷的等持長流，不拘日夜。大叟有一個惡人，見這位奇特的瑜伽士始終在定中，他用火燒上師的手腳，可他就像燒一尊石刻佛像或一尊木質雕像般毫無反應。亨得有一個騎馬人，見到定中的上師與黃金質地的菩薩無二之面容，他無限仰慕，深心嚮往。他用一斗金銀之花向上師拋撒，可上師無動於衷。上師說：

「我的上師說過，並不是沒有感覺和知覺，而是徹見了空性。」

寂密這樣度過了兩年，也有人說一年半。後一種說法比較準確。因為寂密說過，「上師說，我需要行持禁行六個月。但有時效果不如預期中那樣理想，所以，我連續實行三次。」

這是無戲的行為。

結束了連續三次的無戲行為，寂密在城市或森林行持一些秘密禁行，後來，在六個月中，他行持阿瓦達底瑜伽士的瘋狂行為。當因緣聚合，寂密為具緣眾生闡演佛法，他嘴裡吐出的每一個字，每一句話都聽似平白普

通，卻富有深意。他整個的人，他神聖的面容和身上散發出來的深度安詳都以一種最直接、最生動的方式詮釋著佛法奧義。因他的啟發而開顯殊勝智慧的弟子層出不窮。城裡的人們都視他為奇人———一個有證量的賢聖智者，他們蜂擁而至，對他廣行供養。

不久，他的名聲傳到了當地國王的耳中。國王是達斯種姓，曾對佛教懷有偏見，因當地比丘眾多，他們深藏不露的道行和令人肅然起敬的威儀讓他好奇而感動，才進而對佛教生起敬信。但是，他卻始終無法理解密宗的行為。有關上師的傳聞令他十分不滿，他抱著成見來到上師跟前。

「喂！」國王說，「你說的到底是假話還是真實語？你是故意毀壞出家人的形象嗎？」

「雖然我享受世間妙欲，但我的心一刻也沒有耽著與散亂。」上師說。

國王無法相信和判斷，「既然如此，」他說，「我需要觀察。」

國王迎請上師到王宮，把他安置在一座寂靜典雅的小樓裡，小樓在花園深處。上師裸體，承侍守候在他身邊的人日夜不斷，寸步不離。在長達七天的時間裡，他沒有享用任何飲食。（此處一段內容不便翻譯，望諒。）在王宮裡行持密宗禁行，他的身體威光與太陽金色之光無別，照亮了以王宮為圓心的一聞距以內的地方。當上師坐在

密宗大成就者奇傳

花園裡時，那通徹的光芒跟隨著上師，以一種溫暖而充滿愛意的接觸，照拂著他周邊的每一物、每一生靈。

當地的人們對上師生起不可動搖的信心，男女老幼都趨之若鶩地聚集在上師跟前。寂密以各種方式，進行了六個月的禁行，後來在嘎拉那山上修持時，他獲得了大手印的殊勝果位。

當時恰值黎明，大地震動，聲如滾滾低雷。旃檀、幽蘭等各種妙香周遍山野；花雨菲菲，如仙如醉；天之妙音，遠近可聞。這一切，都為當地人親聞目睹。那一刻，他親睹了十方諸佛的尊顏。無數本尊和大成就者在晃耀遍照的光明中現身其前，唱誦美妙動聽的吉祥文，願其吉祥。七日中，有三境處的非人和數量不可思議的勇士勇母對他普行供養。他於六個月中在嘎拉那山上一直住於無相等持。之後，他前往南方的嘎給那扎山。

有一天，班扎的一位暴君到嘎給那扎山狩獵，見到一頭罕見的「阿日那」野獸，他立即跟蹤牠，可一眨眼，「阿日那」變成了一頭猛虎。他以為自己看花了眼，他搖頭定晴一看，卻見猛虎化作了一團火焰，那火焰翩然前行，飄入了一個用樹葉搭建的茅棚。國王躡手躡腳接近茅棚，當他向裡張望時，他的雙眼驟然一亮，他看見一個特別莊嚴的比丘。

「你是什麼人？」國王問，他連續問了兩次，比丘閉口不答。第三次，比丘才回答說：「惡劣的國王，你

第九品　一切教授歸於一體

說什麼？我是一個瑜伽士。」

他以特殊的看式攝伏了國王驕慢的心，國王對他生起了不可言喻的信心。上師以心對心，向他指點心性。這時，國王的眷屬趕到，在上師足下頂禮。上師無論說什麼都句義雙關，始終不離佛法本性。他寧靜智慧的聲音，喚醒了他們潛藏的精神生命，令他們心解意開、歡喜莫名。上師向一位婆羅門的兒子傳授精華之義，婆羅門的兒子當下內外洞徹，載歌載舞地消失於法界。這位婆羅門叫芝那瑪得瓦，是寂密尊者的弟子中最早的一位成就者。

不久，一位名叫歌巴繞瑪德的沙彌班智達來到寂密跟前，對寂密生起不變的信心。他發願以身語意三門供養上師，他一直跟隨在上師身邊，對上師無有違逆，視如佛陀。上師早已了知他堪為法器，為他灌頂並傳授秘密竅訣。他堅毅勇猛地精進修行，成就了土行悉地。不管上師以神變前往何處，他都以土行跟隨而去，承侍其前。

後來，上師前往瑪日，那裡外道橫行，當地人大多是不信佛法的芝日嘎（邊地的人們），上師以看式使他們僵直，又以懷柔看式鉤攝該地國王的心識，使其身心柔順，完全依上師而轉，凡有所教，均奉行不渝。國王盡情地沐浴在上師的妙法甘露下，生起了大悲智慧。後來，當地的佛教極度興盛，從王宮到百姓，都對修行人

密宗大成就者奇傳

恭敬有加，供養僧伽蔚然成風。

上師曾傳授過不共教言的大弟子共有六位。他們是：班智達布瑪拉薩、占扎阿嘎繞、繞那阿嘎日，這三位是比丘班智達。還有三位是：居士班智達思嘎達、瑜伽母厄瑪芭德和瑜伽母妲讓嘎。

前三位弟子獲得了生圓次第的證悟，成就了諦實語和詛咒，他們都親見過金剛瑜伽母。居士思嘎達則實現了息、增、懷、誅的事業，尤其具足強大的降伏能力。這四位上師證悟高深，身懷絕技，一起結伴雲遊東方。卻不料在途經邊地時，遭到了被稱做巴叉那的當地野蠻邪惡和愚癡力量的迫害，經歷了一次驚險而出生入死的旅行。

巴叉那人曾瘋狂地摧毀了他們境內的所有佛堂，包括稀有而極具保存價值的千年石像、聖蹟和古殿堂。得瓦各山巍然屹立在大海岸邊，面向大海，有一群依山而建的寺廟群，它們鱗次櫛比，閃閃發光，格外莊嚴，也都被巴叉那們一把火焚燒而盡。唯有一座規模龐大，名叫歌薩巴的著名寺院因神靈暗中護佑，數次慘遭塗炭，卻均未被大火燒燃。

當四位上師出現在他們的街上時，巴叉那們驚呼：光頭紅袈裟竟然敢出現在這裡！真是前所未有、極不吉祥。他們將四人投入恐怖的、濫用酷刑的監獄，吩咐獄卒將他們殺害。四位上師用白芥子撒在監獄獄卒身上，

獄卒全部癲狂。四人逃出監獄，竭力祈禱大菩薩，大菩薩授記說：

「你們成就降伏事業的時刻已經來臨。」

四位上師在扎日嘎聚集，共修威力無比的大威德金剛。六個月後，巴叉那人發生內戰，東方有一個德日加種姓，對他們窺覦已久，趁此機會把他們打得一敗塗地。自此，那裡改朝換代，由一位叫拉瑪祥的黑德的國王統治。

而瑜伽母厄瑪芭達則獲得了虹身，消失在彩虹的光暈之中；妲讓嘎瑜伽母無礙成就了四種看式。

當時，跟隨阿闍黎的弟子有男女瑜伽士共二十人。當阿闍黎在南方嘎那扎居住時，為了調伏當地信仰外道的國王，上師一行來到王宮。王宮裡供奉著一尊可怖的石像，為從前一個名叫蜘蛛的人所造。上師踐踏其上，其柔軟之足在如金剛岩般的石像身上印下了深深的腳印。國王命人牽來六頭狂象，讓牠們踩踏在上師身上，上師用手輕壓狂象之身，牠們立刻不能動彈。有一尊以神秘嚴厲而著稱的石像，名叫占扎嘎，上師用契克印向它一指，它就像酥油接觸到日光般全部融化。如今，它的殘骸依然留存於世，但已不具人形，在它的邊緣留有清晰的融化痕跡。

國王知道阿闍黎是一位成就者後，便向上師謝罪，並至誠頂禮。自此，阿闍黎的美名傳遍整個世間。

不久，馬拉哈扎和果哥那兩地迎請上師去那裡的寺院。人們聞訊蜂擁而至，上師根據人們不同根基和意樂分別賜予灌頂和教言。他宣講密宗如海續部，廣弘深奧的金剛乘密法，自在地顯現度生事業。他的弟子中，有三十位班智達和六十名四眾弟子。在他智慧力的加持下，他們和包括城中的十一個人都成就了細微事業，很多人生起了殊勝等持的境界，獲大成就而虹化的人亦不可勝數。

後來，巴扎吉國王迎請上師前往該國，在那裡住了很久。當時，金洲、達那榭洲、百給洲、繞康洲、幫嘎拉洲等路途遙遠的洲，和南贍部洲的比丘及班智達都在那裡聚會長達三年之久。國王趁此千載難逢之機，對僧眾大行供養。當時到會的僧侶有三千人，還有難以計數的優婆塞及優婆夷，從四方聞訊而來的瑜伽士也有成千上萬。

阿闍黎寂密是他們所有人當之無愧的精神導師，希望和啟示的巨大來源。有些人在阿闍黎面前求修法，有些人求甚深教言，有的求灌頂和加持，有的在他足下頂禮繞轉，他們都與阿闍黎結下了深淺不同的善緣，種下了證悟與解脫之因。

南方嘎讓嘎的大班智達貝得日夏、聖嘎夏拉；烏拉日地方的大阿闍黎布日班德、阿桑嘎布德；還有班扎達拉地方的大阿闍黎安達瑪達、貝達那達；本嘎勒地方的

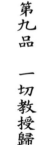

大智者達馬加果、巴拉黑達果夏、金剛座者、思梅嘎等，均在大阿闍黎和瑜伽母妲讓嘎、大阿闍黎剛巴馬拉德師徒前聽授教言。在大阿闍黎的恩德下，那個地方的所有僧眾都被賜予金剛密乘的法門，領受了明空無二、不可言說的智慧光明密意。唯有金洲、銅洲等地的僧人屬於聲聞乘，阿闍黎的密法沒有在那裡弘揚開來。

當時，尊者住在芝讓嘎的大市場裡，東方的歌日夏秋巴上師在尊者跟前。成千上萬的人來到寂密上師足下禮拜，可是，去拜見馬哈波德上師的金洲比丘們卻對密宗肆口誹謗，在上師面前拒不頂禮。

芒讓嘎地方的國王布嘎扎身染沉痾，久治不愈。為了治癒他的病，他們準備殺害五百頭犀牛、成千上萬隻飛禽和羊來供奉神靈。為舉行冗長而血腥的祭神儀式，一共聚集了上千名外道婆羅門。此事，阿闍黎不知從何方而降，他金剛怒目，威風凜凜地站立在供施房門前，以看式使外道婆羅門僵直。國王深以為奇，來到供施房前。阿闍黎說：「你如果殺害這麼多眾生，你很快就會死的，死後必墮地獄，還不快把這些生命全部放了。」

國王被上師非凡的氣度所震懾，釋放了險遭滅頂之災的無數生靈。上師垂憐受盡病苦的國王，在為其摸頂之後，國王的病當下痊癒。親睹上師威力與神跡的供施者們都成了瑜伽士和修行人，上師超越言思的境界匯入他們的相續，他們中的很多人生起了殊勝的智慧。

密宗大成就者奇傳

167

一次，占達日夏的一個國王到阿闍黎的住處附近惡語謾罵，上師的一個弟子聽到後，詛咒說：「願你們變成啞巴。」一下子，包括國王在內的所有人全部喑啞。國王恐懼萬分，滿懷悔恨地向阿闍黎祈禱懺悔。為了顯示佛的威力，上師念誦真言，除了一人以外，其他人全部恢復。

阿闍黎前往印度東部的巴繞那地區，當地有一個著名的外道班智達智慧超人，眷屬如雲。一天，他正坐在妙高法座上，在眾眷屬的環繞下，阿闍黎用契克印向他一指，他立即從寶座上摔落下來。

馬特繞地方的一個外道瑜伽士叫馬干達外德，以前曾一度做過佛教瑜伽士，後來他專修阿荷剎這達勒（外道一聖尊的名字），攝伏了很多人，是人們共稱的成就者，他也臣服於寂密上師的足下。

那是在角拉城，師徒三人到達那裡時，馬干達外德及其眷屬早已在那裡等候。人們傾城而出，在他們周邊聚集，想知道這兩位聲名顯赫、法力強大的人中究竟誰是最後的贏者。事實上，馬干達外德是位魔術和密咒的成就者，大日國王哈密禾瓦扎巴及其王子阿嘎巴拉也對他很有信心。阿闍黎以等持的威力，使他的魔術不能幻變。他就像決鬥之人失去寶劍，手無寸鐵一般，當阿闍黎以看式制伏他時，他立即瘋癲，一邊「哈哈」大叫，一邊狂奔。經他的弟子一再祈禱寂密上師後，他才在七

第九品 一切教授歸於一體

日後恢復正常。

　這時，曾在長達三年時間裡供養來自各洲僧眾的巴札吉國王已經去世。他的兒子多桑在其父與上師初次相遇之地附近的一個山洞門口，修建了一座大殿堂，他把殿堂和他屬下的五百戶居民一併供養給上師。當時，有男女瑜伽士五千名聚集在山上的大殿堂裡。上師在三個月中連續舉行盛大薈供，薈供的所有資具均由新一代的國王提供。那個時期，是他的弟子相續獲得解脫人數最多的時候。以上師的加持力，國王的臣民也由十萬戶增加到四十五萬戶。

　歌日脫秀（南方上師）曾說過：「我五次見到上師，最後一次就在那個時候。」

　此後，上師基本上住在那個殿堂裡，雖然足不出戶，可他的事業卻一直任意運轉，令無量眾生相續成熟並獲得解脫。除了最早的那些弟子外，他概不見人。七年以後的一天，他的異熟之身如彩虹般消失於天際，可他的智慧幻身卻周遍整個虛空界。

　一般說來，印度人和西藏人截然不同。藏人將那些有少許生起次第境界、或在見解方面略有覺悟、有幻化覺受的、見到護法本尊的人，和有一些神通和神變的、在事業和能力上略有成就的人都稱為成就者。甚至包括一些愚笨、遠離慚愧和良好傳統，捨棄了世間與出世間的法規，以狡詐行為獲得財產和實權的人，也被稱為有

密宗大成就者奇傳

169

成就之相。但印度人完全按照續部中所說的聖道，當聖者的功德現前或獲得虹身成就，在達到共同持明標準時才被稱為成就者。除此之外，修行再好，也只能稱作修行人，而不會稱為成就者。

這位阿闍黎的每一個看式，每一句諦實語，都成就和增上息、增、懷、誅四大事業。在他相續清淨的眷屬中，他稀有的與金剛持真佛無二的瑞相頻頻出現。每當舉行薈供時，他能鉤召薈供用的酒肉、水果和花果等供品，使它們從不乏缺。他成為了大地之上的引導者，他的名字也叫西日薩多那塔——吉祥眾生怙主。

在他面前，我的三位印度上師都得過法恩，歌日脫秀雖然是他最殊勝的法子，但我的那三位上師的主要傳承是在其他大上師面前得授的。他們也曾在阿闍黎剛巴馬拉德和大自在瑜伽母妲讓嘎面前獲得灌頂、加持和傳承，而遣除粗大或細微的疑團，則是在他的四大弟子前。

下面是寂密上師的兩個大弟子的略傳。

62. 善巧依止上師的剛巴馬拉德

第一個大弟子出生在根日拉塔，國王種姓，名為安嘎。他自幼聰明、安靜，善解人意，從不分割和對立萬法，而是從整體上抵達諸法的深意。他很快就精通了聲明、因明等學問，於阿巴寺出家，法名剛巴馬拉德。雖

然他熟習三藏之理如囊中探物，易如平地，但因他的年齡未足二十歲，故依然是沙彌身分。

從十九歲起，他一直跟隨阿闍黎寂密，三年中，上師未授予他任何灌頂和教言，可他一如既往，完全按照續部的要求依止上師，忘我承侍、如履薄冰。後來，上師為他灌頂並講解教言，通過堅固的熏修，兩年後，他獲得了生起次第的穩固境界，並生起一些圓滿次第的智慧。為了獲得利養，他修持土行，結果立刻獲得了悉地。因為他極為善巧地依止上師，與上師心意相通，仿佛是上師的意之延續。上師秘傳了所有灌頂和竅訣，將至深的密意向他和盤托出。

他先後見到了觀音菩薩、馬頭金剛、文殊菩薩、大威德金剛、喜金剛和作明佛母。馬哈嘎拉本尊從不離他左右，若有所需，無不應承照辦，如他身邊的隨從一般；世間的六位天女環繞於他頭頂的虛空中，稍有任何吩咐，她們立即奉行。他的睡眠常住於光明境界中，雖然獲得了廣大神通，但他一直承侍上師宛如僕人一般。

63. 獲得上師同等果位的妲讓嘎

大瑜伽母妲讓嘎降生在南方香巴達達城，布思日種姓。她的哥哥是國王，名叫童子惬。她從小就喜歡刨根問底，十分關心事物的終極。幼小的心充滿悲柔之水，見到可憐不幸的人和動物她總是挺身而出，行諸善行。

密宗大成就者奇傳

九歲時，她家門前出現了一位莊嚴的比丘，小女孩供養他齋飯，並天真地問：

「你的相貌這麼端嚴，為什麼要化緣為生，做種種苦行呢？」

比丘說：「我一點也不痛苦，痛苦的是你，你漂泊在輪迴中，你的痛苦無窮無盡。」

小女孩非常害怕，問他為什麼。比丘向她講述了六道輪迴以及輪迴的痛苦和過患，女孩悲水長流，向比丘乞求從輪迴鎖鏈中解脫的方便方法。比丘向她傳授了將心一緣安住的等持法和菩薩行的要訣，它們深深地印刻在女孩的心裡。十歲時，她被嫁給一個叫賊瓦拉的小國的國王。十三歲時，她宛如一個歷經百城煙水的老人，對世間的榮華和輪迴深深地厭倦，只想效仿那位清淨莊嚴的比丘而出離世間。她常對丈夫和公公婆婆說：

「如果我能在森林裡修禪定該多麼好啊！這是我唯一想做的事，希望你們能開許！」

她再再祈求，家人為了阻止她，便讓她做家長，管理龐大的家。每當乞丐上門，她總是歡喜雀躍，以悲心而殷切施與。家人和遠親國戚對她的行為極為不滿，可外人和鄰居都對她交口稱讚。她對世俗生活的忍耐已經到達了極限，為了邁向天堂一般的森林，她只有假裝瘋癲。看到一向沉靜寬宏，具有大家閨秀氣質的她做出種種大失禮儀，不堪入目的行為。害怕出醜的家人只好把

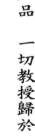

她關在一個僻靜的地方，讓一個女僕看守服侍。她變本加厲、如痴如狂，最後，丈夫終於忍無可忍，與她解脫了夫妻關係。

事實上，她剛降生時就有看相人授記說，這個女孩的手和腳都有一半蓮花一半法輪的相，日後必當住於森林，成為大瑜伽母。

如今，授記的時間已經來臨。

後來，她聽說寂密尊者在芝瓦拉附近的繞合達城，聽到這個名字，她的相續中生起了善妙的等持。她懷著一種陌生的興奮、不安和激動之情，前往拜見上師。在見到上師的那一刻，她經驗到了從未有過的深度禪定。那一年，她僅僅二十歲。

雖然她的身分是女人，但她敏銳犀利，具有極高的領悟力。在這之前，她已徹底了達了《戰扎嘎繞》、聲明學、辭藻學、醫學和因明學。因為過去世的優異緣分和串習，《般若七百頌》、《般若三百頌》和《般若攝頌》等經論，她只需稍加念誦，就能過目不忘，倒背如流。雖然沒有聽過上師傳講，但只要比丘尼和優婆夷略作指點，她便能通達其義。寂密上師授予她發菩提心的儀軌，知道她堪為法器，為她漸次灌頂，並傳授她所有教言。七年中，她以願心、熱忱和恭敬心在上師身邊如飢似渴地聞思，上師的每一句話都被她視為真正的佛語，並堅信不移。

一邊聞思，她一邊修持上師親傳的金剛乘密法，年復一年，續部的一切教義都在她心內融會貫通。她在以後的五年中承侍上師，一門深入，專修不懈，生起殊勝的體悟和智慧，證悟了更深的心性實相。她所具有的風瑜伽威力，縱然一百頭大象也無法相比。她能在一由旬的虛空中飛翔，並成就了看式和諦實語。上師為她授記：

「從現在起，你作覺性禁行行為，把自己所證悟的真如境界傳達給有緣眾生。再過二十二年，你將獲得和我一樣的果位。」

她行持了六個月的禁行，獲得了八大共同悉地。凡具信者來到她面前，她都為他們傳授教言。因她的巨大啟示，有五百名瑜伽母獲殊勝證悟。她與這五百名瑜伽母眷屬雲遊各地，隨緣任運度化每一名來到她們身邊的人。為了供養上師，印證自己的境界，她再次來到上師座前。

有一次，她以神變從卡互扎到仁咖那他，那裡的內道和外道都有各自的處所，妲讓嘎故意經常出現在外道的處所。在那裡，一位依靠藏嘎瑪大自在和貝繞瓦（一位天尊或修法）而成就的外道名叫波剛得瓦，他仇視佛教徒，自視天下無敵，以看式和拳頭明裡暗中害過許多佛教瑜伽士。他以看式對付妲讓嘎瑜伽母，可他的看式沒有任何作用，瑜伽母泰然依舊。瑜伽母還以看式，他

立即倒在地上，呼吸全部停止而成為一具死屍。他在地上躺了很久，當地的外道一再向妲讓嘎致歉，乞求她給他一次機會。瑜伽母又對他作看式，他的脈搏才恢復跳動。因為這次死而復生，他對自己過去的一生極度悔恨，他決意改頭換面，重新做人。他對佛教生起信心，祈求瑜伽母悲憫攝受他。妲讓嘎引領他來到上師跟前。

妲讓嘎還制伏了一位破誓言的瑜伽士，名叫嘎瑪拉嘛瓦。這位瑜伽士以前曾獲得一點境界，利慾薰心的他假裝成就者到處騙人。瑜伽母在屋之夏看到詐現威儀的他被眾多眷屬所圍繞，便以金剛鑽般的看式，不僅刺穿了他的肚子，令他流血不止，還穿透了他堅硬的頭蓋骨，他也因此而被制服。

瑜伽母隨時都能見到黑魯嘎、十大金剛、金剛瑜伽母的三十七尊本尊，但那時的她尚未獲得不共殊勝悉地。

寂密大師和他的兩位殊勝大弟子把傳承傳給了我的三位印度上師。在我的三位印度上師前，我獲得了金剛乘包括竅訣在內的所有教言。

一般說來，在印度密宗金剛乘興世時，最初曾出現過十萬持明。後來薩繞哈出世，從薩繞哈到國王塔馬巴勒期間，大成就者不僅接二連三地湧現，而且在同一個時期內，也會出現諸多大成就者。直到阿巴雅嘎拉圓寂之前，成就者還是不斷問世。此後，成就者只是偶然問

密宗大成就者奇傳

世。尤其是到了後一階段，在很長的時間中沒有一個成就者出現於世。後來才出現了智友和歐嘎繞那他，他們未能廣泛弘揚佛法。歐嘎繞那他圓寂八十年之後，寂密獲得了成就。寂密和那洛巴的弘法事業相等，只不過在寂密的時代學佛的人較少而已。從境界上來說，寂密的境界已經超過了那洛巴。

寶源語第九品一切教授歸為一體終

以上所述的七種受教全是加持傳承，其中六個受教是意義上的傳承，而非詞句上的傳承。我們應當了知每個不同細微教言傳承上師的各自歷史。每一位傳承上師的傳記都無窮無盡，無法用文字盡述。因為我的上師沒有宣說有些傳承上師的傳記，所以只有以上這些上師所聽到的印度人公認的傳記內容，在這裡只是略略補充了一些藏地保存的可靠歷史史料而已。至於其他印度大上師的傳記和傳承上師的介紹，大家可以在別的典籍中了知。

宣說上師傳，所獲少福德，
迴向諸有情，願彼皆成佛。

願我生生世，傳承上師前，
轉為承侍者，受持師密意。

如此奇傳金剛持妙道，
充滿竅訣珍寶吾意車，
願諸十方眾生皆享用，
遣除一切三界之貧瘠。

七種受教傳承稀有寶源語，是諸大恩師最低劣的弟
子多羅拉他近二十六歲時，於大成就者之吉祥聖地——
大龍草原附近的朗加繞丹撰著圓滿，筆錄者為智者更嘎
那加。

2004年3月6日（藏曆元月十五日）
索達吉譯於喇榮五明佛學院
重校於2007年12月10日

密宗大成就者奇傳

第九品　一切教授歸於一體

目　錄

密宗大成就者奇傳

欽則益西多吉密傳　目錄

密宗大成就者奇傳

密宗大成就者奇傳

欽則益西多吉密傳　目錄

譯　序

　　欽則益西多吉尊者是藏地富有盛名和威望的大成就者，被公認為是智悲光尊者的化身。他的精彩傳記在民間廣為傳唱，可謂家喻戶曉、婦孺皆知。

　　凡是看過《大圓滿前行引導文》的讀者，一定會對作者華智仁波切的超凡智慧交口稱讚，在這裡再為大家講述一個小故事：

　　一天，身為弟子的華智仁波切聽見尊者在門外大呼：「老狗！有本事你就出來！」華智仁波切剛出門，一股酒味就撲面而來，他心想：今天上師一定又喝醉了。正思忖間，上師一拳就將他打暈在地。等他甦醒過來時，以前在如來芽尊者前證悟的如同黎明般的心性光明已如日中天般地閃耀著熠熠光芒，他終於徹證了三世一切智慧，獲得了眾所周知的不共成就。從此，華智仁波切在諸多關於修行的著作中都以「老狗」自謙。

　　現流傳於世的藏文版的尊者傳記包括四川民族出版社出版，並得到了業內外人士的廣泛好評的廣傳、仁增直美扎巴以三十五種詩學修辭法撰寫的詩歌體裁的傳記以及匯集了尊者諸多生活片段的密傳。

　　雖然密傳作者的名字已佚失，但其描繪的引人入勝的情節已深深地打動了人們，栩栩如生的尊者形象已根深蒂固地銘刻在藏區信眾的心間。

欽則益西多吉密傳

但由於語言的鴻溝，漢地的大多數信眾一直無法進入尊者的世界，悉知他那令人拍案叫絕的輝煌成就。因此，翻譯尊者密傳就成了我長久以來的心願。

動筆之初，我曾猶豫再三。傳記中的大量情節，若被一些對佛法一竅不通，毫無修持基礎的人眾盲摸象般地僅對其一鱗半爪進行所謂的探討，難免會誤入歧途，陷進邪見的泥淖。一些別有用心的人也許會抓住其中的部分章節大肆渲染，為他們誹謗密法的高樓大廈添磚加瓦。

然而，正如佛陀所說，眾生的業力即使是量士夫的佛都無能為力，更何況我一介凡夫？

對於更多的群體而言，可以通過該傳記了解成就者的生平，對密法的殊勝成就生起淨信，為荊棘叢生的修行之路提供一些順緣。

即使是剛入佛門的初學者，也可以通過閱讀傳記與尊者結緣，從而種下解脫的善根。權衡再三，才有了今天即將付梓的書稿。

從密傳中我們可以得知，密宗的諸如殺生、飲酒等戒禁行為，只有真正獲得成就，具有能令死者復生、酒變甘露的能力才能行持。薄地凡夫是萬萬不能嘗試的，草率行事，必將墮入萬劫不復的深淵。筆者不惜重墨，反覆向我們描述這些場景，可謂言之切切，對其一番苦心，我們豈能聞之藐藐？

　　密傳還向我們昭示了一個道理，就是如果上師是大成就者，在因緣聚合的情況下，弟子以清淨的信心，就可以享受前往清淨剎土、遨遊天際等逾越常人想像的經歷。可見信心在密宗修持中不可或缺的重要地位。看到尊者弟子在尊者前所表現出的堅定信念，看到他們不折不扣依教奉行的超勝行為，作為密乘行人，應該捫心自問，對自己的行為有否感到汗顏？找到差距後能否奮起直追？

　　這些扣人心弦的故事，並非憑空捏造的神話，而是顛撲不破的事實，不論您是否相信，但通過密法修持而獲得成就，顯示各種不可思議神變的密乘行人在藏地可謂數不勝數，身處雪域的人們對此已見慣不驚。

　　其中一些常人無法理解的行為，作為凡夫的我們也許一時對其甚深奧義不能完全了解，但也最好三緘其口，因為佛菩薩度化眾生卓爾不群的顯現，是肉眼凡胎所不能信口開河評頭論足、妄下雌黃的。相信不久的將來，我們可以通過自己的努力，得以一窺勝乘密法的堂奧。

　　翻譯時根據每一小故事的情節附加了標題，便於大家查詢、閱讀。

　　不論您是僅僅出於好奇而翻開此書的未入門者，還是初入佛門試圖探詢一道門徑的信士，或者是修持多年小有成就的修士，但願都能從中找到自己需要的珍寶。

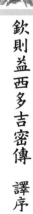

欽則益西多吉密傳　譯序

欽則益西多吉密傳

堪布索達吉　譯

頂禮大上師智慧金剛！

　　淨智妙月光，精進幻化網，

　　諸續勝妙主，具足金剛座。

　　頂禮智慧身，化身及聖身，

　　持佛化身續，十方現化身。

　　如理利眾生，無死大天尊。

　　首先引用《文殊大幻化網》中總攬其行跡的讚歎詞，作為本傳記的開篇語。滿懷誠敬之情的我，於此向諸位宣說蓮花生大師及智悲光尊者之化身——欽則益西多吉尊者的傳記。

　　在其自傳、空行授記以及仁增直美扎巴根據前二者歸納整理而成的頌詞及散文形式的傳記中，尚未言及的種種成就神變。現今按照其弟子向我親口訴說的內容，將這些如同珠玉般的、前所未聞的精彩片段採擷串聯起來，呈送與各位讀者：

一、局哲見到墨爾多山神

　　贍部洲世界擁有二十四聖地，三十二勝蹟。其中多康六岡之一的嘉絨岡中的墨爾多神山，是大忿怒金剛主

欽則益西多吉密傳

189

宰之神山。

尊者益西多吉與身子局哲曾駐紮於此。一天夜晚，局哲於夢境中見到一威嚴十足，面部與手中執持的各種標幟呈深藍色的忿怒身相，顯得威風赫赫，嚇得他不敢直視。

局哲心想，該身相應該是大忿怒金剛，但為何具有變幻不定、希奇古怪的面部及手幟呢？正當尋思間，他從夢中甦醒過來。

面對驚魂未定的局哲，尊者問道：「你在夢中有何見聞？」

局哲將夢中所見和盤道出。

尊者聽後說：「很好！你已見到了墨爾多神山的山神。」

隨後又對其事進行讚歎，才使心神不定的局哲稍感安慰。

二、墨爾多山神前來聽法

有一次，尊者到嘉絨墨爾多神山，安紮在葉扎娘波（蓮花生大師二十五大弟子之一）修行的山洞——葉扎洞裡。

晚上，尊者住在裡面，局哲睡在山洞門口。不久，一位模樣凶惡的非人來至洞口，目不斜視地跨過局哲的身體徑直去到尊者身邊。局哲有些害怕，將頭蒙在胸前的衣襟裡側耳傾聽，發現他們自始至終一直圍繞著大圓滿的內

容進行交談。

很久以後，聲音消失了。屙哲將頭探出，四下張望，發現非人已消失無蹤。

尊者說：「屙哲你不用害怕，不過是墨爾多神山的山神到我跟前來聽法而已。」

三、伏藏主供養金剛橛

有一次，尊者到嘉絨墨爾多神山作輪涅供養（是否為薈供，此處不確定），伏藏主（蓮花生大師曾將伏藏交付於其並囑其看守的護法神）獻給尊者一枚鐵質金剛橛。

尊者說：「阿烏（華智仁波切別稱）與這個金剛橛有緣，應將它隨時帶在身上。」然後將金剛橛賜予了阿烏仁波切。

四、乘著氆氌一般的彩虹回去

尊者與僧團住於墨爾多神山時，一次，尊者對僧眾說：「屙哲與我兩人去朝覲神山，你們其他人就待在這裡。」

兩人於是開始往山上攀登。一會兒，來到了一地勢異常陡峭，山鷹也無法駐足的懸崖處，上面有一塊小平地。尊者說：「屙哲，你留在這裡，既不要跟著我，也不要去別處。」然後，就消失不見了。

欽則益西多吉密傳

屙哲在令人毛骨悚然的紅色峭壁上，即使一步也不敢挪動，到別處更無從談起，只有誠摯地猛厲祈禱。

　　夕陽西下，天空即將被黑夜籠罩，尊者回到了僧團。

　　用完晚餐，尊者問道：「屙哲還沒有回來嗎？」僧眾們回答說：「沒有。」

　　此時，可憐的屙哲心想：看來尊者是不會回來了，等待我的只有凍死、餓死或墜於山崖慘遭橫死之禍的命運了。

　　正當他傷心絕望之際，忽然聽到「屙哲回來！」的聲音。面前出現了一道宛如氆氌一般瑰麗的藍色彩虹，屙哲如獲大赦般興奮地坐在彩虹上，毫髮無損地回到尊者跟前。

　　尊者問道：「你一直沒回來，在懸崖上幹了些什麼？」

　　屙哲將之前發生的事向尊者仔細稟報。

　　尊者聽了他的描述後說：「你能堅持待在那裡就很好。」

五、到水晶宮做客

　　怙主金剛持（尊者）居住於理塘寺時。一天，尊者對我（屙哲）說：「我們兩人出去溜達溜達。」

　　離寺廟不遠有一片草原，一座雄偉壯觀的水晶宮殿

佇立在我們面前。宮殿門口站著四位秀媚妍麗的天女，將我們迎請至水晶宮裡。

尊者坐在珍寶製成的法座上，四位天女為其獻上種種美味珍饈。天女賜給我奶茶般的白色食物，其鮮美異常的滋味超勝凡間一切美食。

尊者叫我一邊吃一邊到房頂去觀賞，凡是所見的一切東西都不要帶下來。

在房頂上，我看到了幻化般的各色景象，奇妙壯觀、美不勝收。一些佛像、經書、佛塔也出乎意料地出現在我眼前，我欣喜異常，連忙一一頂禮。

耽誤了不少時光，我才留連忘返地走下去。尊者已經準備回返了，我也不得不與尊者一起告辭。四位天女將我們送至門外才回去。臨行時，一位天女賜給我一枚鐵金剛橛。

當我們出發時，水晶宮殿等在我們身後倏然隱沒，我們又回到了荒涼的草原上。

尊者對我說：「剛才的一切見聞、各種美味佳餚等情況你不要向任何人透露。這枚金剛橛與你有緣，你應將它時常帶在身邊。」

事後，每當我感到飢餓的時候，腦海中就揮不去那令人垂涎欲滴的美味。我衝動地趕到水晶宮出現的地方，迎接我的只有空蕩蕩的草原。

六、遊覽公蒼湖

有一年的夏天，尊者住在自己創建的莫哈金龍寺。僧眾們將各式帳篷搭建在草原上。

一天上午，尊者顯得異常煩躁，一反常態地對以妹妹為首的眷屬進行了嚴厲的呵斥，並怒氣沖沖地在帳篷門口走來走去。

一位對尊者有極大信心的放馬老人，畢恭畢敬地走到尊者前說道：「大恩怙主上師，今天怎麼了？您是否要出門？若要出門，也不要這樣。您先吃飯、喝茶，再把鞋穿好，我去牽馬，好嗎？」

「可以。」尊者回答後，劍拔弩張的氣氛才有所和緩。

放馬人牽來一匹白馬，拴在帳篷門口，並配好鞍韀，用繩子牽著說：「大恩德上師，現在可以出發了。」

尊者從帳篷中出來，腳上蹬著馬靴。他抬起右腳，老人連忙低頭，腳踏在了老人頭上。尊者一邊上馬，一邊對老人說道：「臨死的時候不要忘了我。」

老人一邊鼓足力氣支撐著，一邊誠心地祈禱。上馬後，尊者對僧眾們說：「你們不要跟著我！」說完，老人牽著馬出發了。

尊者的妹妹說：「看來今天尊者一定有某種特殊的緣起，我們不能怕他呵責，應緊隨其後。」所有的人也

都亦步亦趨地緊緊跟了上去。

　　只見老人牽著馬向公蒼湖中走去，走到湖的中央，就沒入水中消失無蹤了。

　　尊者妹妹說：「我們首先念懺悔文與百字明繞湖，然後念七句祈禱文繞湖。」大家紛紛響應。

　　等候良久，師徒二人絲毫無損地在湖中出現，老人從兜著的衣服下擺裡取出奶渣一般的白色食物，一邊走一邊狼吞虎嚥地吃著回到湖邊。

　　令人驚奇的是，顯得興高采烈的他們，身上居然沒有沾上一滴水。

　　老人興致勃勃地向大家講述道：「我們師徒二人走進湖中，就到了一座莊嚴雄偉的珍寶宮殿門前。尊者說：『你牽著馬坐在這裡。』然後就單槍匹馬地進去，不知去幹什麼了。等他回來的時候，賜給我一些奶渣一般的白色食物，味道鮮美非凡。尊者說：『到達湖岸之前，你必須將這些食物吃完。』」

欽則益西多吉密傳

七、放馬老人安詳離世

　　尊者回理塘寺小住的時候，開始示現生病，整日病怏怏地躺在臥榻之上。

　　一天中午，尊者對身子屙哲說：「打開窗戶，在窗前放一個坐墊。」屙哲遵命照做了。

　　尊者坐在墊上，凝神向窗下俯視。只見以前為去公

蒼湖創造很好緣起的放馬老人來到窗下，向上師頂禮三次後，雙手合十，口中念誦上師名號並虔誠祈禱，完畢之後轉身離去。看到老人逐漸模糊的身影，尊者若有所思地對屬哲說：「關上窗戶，收回坐墊。」然後又回到床榻上。

老人回到廚房，邀請了舊時的朋友，傷感地告訴他們：「昨晚，我夢見自己在一個盛開著白蓮花的花園中，怙主仁波切問我：『你還記得以前去公蒼湖的情景嗎？』這個預兆表明我今晚即將離開人世，明天你們去上師那兒，將我放馬老人的死況向他匯報。三天後，祈請上師的妹妹為我念誦觀音心咒，並將這些情況告知日比益西上師。我的衣服等等用具，如果你們需要，可以送給你們兩人。」說完，就開始進行分配。

兩位朋友連忙說：「你沒病沒痛，怎麼會死？不要說這些，否則會給別人落下笑柄的。」

當天是二十五日。晚上，放馬老人又說道：「我的皮囊中有酥油和茶葉，我們一定要熬出上等的、像馬茶（一種餵馬的茶，特別濃，藏地老人十分喜愛）一樣釅的茶，並加上糌粑和酥油。我們盡情地享用，這是我此生中最後的晚餐了。」

臨睡時，老人仍沒有絲毫的病痛。半夜出去方便後回來說道：「已經過半夜了。」然後又安穩地躺在床上呼呼大睡。接近黎明時，只聽老人說了一句：「怙主仁

波切知！」就安詳地離開了人世。

第二天，師徒們按照老人的遺囑，為他料理了後事。

八、一瞬千里

上師與弟子們住在理塘寺時，他妹妹正在嘎浪為弟子們傳大圓滿法。

一天，太陽剛剛從東方升起，上師對屓哲說：「你去牽來兩匹馬，一頭白騾子，出發的時候到了。」屓哲趕緊照辦。

他們騎著馬來到寺院附近的草甸上，「屓哲，閉上眼睛。」上師命令道。

屓哲閉上眼睛後，身體開始變得輕盈，有一種飄飄欲仙的感覺，一陣清風吹過，尊者說道：「可以睜開眼睛了。」

屓哲睜開雙眼，驚得目瞪口呆，轉瞬之間，他們已經來到了距離很遠的嘎浪深山寂地。

上師妹妹剛傳完法，弟子們魚貫而出。令人驚奇的是，即使他們與上師擦肩而過，也不能感覺尊者的到來。尊者妹妹見到了哥哥，才招呼各位弟子，這時，弟子們才看到了朝思暮想的上師，紛紛上前頂禮。一看時間（根據日影觀察時間的方法）理塘出發與到達目的地的時間完全是同一時間，大家不由得驚異萬分。

九、天涯？咫尺？

一次，上師妹妹與弟子們住在理塘寺，尊者與弟子們在華日寺（中間間隔很遠距離）。

一天，太陽即將西沉的時候，上師對屬哲說：「你去牽來兩匹馬，一頭白騾子，我們要出發了。」屬哲連忙照辦。

他們騎著馬來到寺院附近的草坪上，上師說道：「屬哲，閉上眼睛。」。

屬哲照做後，感覺自己的身體宛若浮雲般輕盈，一陣柔風拂面而過，只聽尊者說道：「你*可以睜開眼睛，但不要說話。」

屬哲睜開雙眼，理塘寺附近下面的草坪已踩在他們腳下。

回到寺廟，來往的遊客與僧眾均對他們視若無睹。屬哲從馬和騾子上卸下行李，取下馬鞍，上樓進入房間。當尊者已端坐在法座上後，上師妹妹才看見尊者，大聲吼道：「啊！我們的怙主上師回來了！」弟子們聽到吼聲，才爭先恐後地前來拜見。

一看時間，華日出發與到達目的地的時間完全同時，大家都深感稀有。

十、白岩地神覲見尊者

在白岩神山前，尊者與弟子搭建帳篷作短暫停留

欽則益西多吉密傳　譯序

時。一天，尊者獨自一人待在帳篷裡。好奇的屙哲躡手躡腳地從帳篷下面往裡偷窺。看見尊者前面有一身著白衣的白人，相貌端嚴俊秀，纏著白色頭巾，手捧卷著的五色哈達敬獻給尊者。之後，他們愉快地暢談了很久。屙哲聽到這一切後，悄無聲息地回到自己的帳篷。

過了一會兒，屙哲殷勤地到尊者前供茶，瞅準時機問道：「上師，剛才那位白人是誰啊？」

「啊！屙哲你那雙鬼眼真是無所不見、無所不覷。不管怎麼說，還是很好。」說著，從懷中取出一枚天然金剛橛，說道：「這是白岩地神供養我的，與你有緣，你應將它隨身攜帶。」然後將金剛橛賜給了屙哲。

這就是那些令人咋舌的稀有故事。

以上以十地為數目的故事是我從哲仁波切口中親耳聽說的。

十一、熱雜營救生母

上師仁波切在康定加拉國家（加拉在當時為一小國）時。

一天，太陽即將落山，尊者忽然對大弟子熱雜托美說：「醜陋的熱雜，背上你的行囊，不要將我忘卻，馬上到印度去吧！」

「遵命！」

熱雜馬上收拾行囊，帶上手鼓和鈴，風餐露宿，沿

路乞討，前往印度。翻越了千山萬水，歷盡了千辛萬苦，終於來到印度西部一個叫哈達郭的地方。

當地人都執持外道見解，邪見十分深重。

一天，熱雜來到一個繁華的大城市乞食，只見很多人手拿木柴聚集在一起，有的人在嚎啕大哭，有的人身穿花布，手裡拿著棍棒和黑油器皿往前走。他們的臉上都呈現出痛苦的表情。

不明究竟的熱雜恰好碰見一名藏人，連忙向他打聽：「今天他們這些人在幹什麼啊？」藏人回答說：「這是邊鄙地的陳規陋習，一個有錢的大戶人家的兒子不幸身亡，他還沒有子嗣。按照當地的傳統，如果沒有後嗣，他的妻子就將與他捆在一起被火活活燒死。如果你想救這個女人，我倒有一個良策。等屍體與女人被放到柴火上的時候，你猝不及防地將女人搶出，只要逃出人群，就可以救護這個女人的命。但從此你就不能再待於此地，女人也必須背井離鄉，漂泊異地。」

聽完這些話，熱雜心想：我一直對大恩根本上師派我來此地的原因百思不得其解。看來，這就是此行的真正目的，我一定不能辜負上師的厚望。

熱雜走進人群，只見人們將屍體和女人用白布纏在一起，任憑女人聲嘶力竭地哭喊，仍然無動於衷地強行將女人投入了熊熊燃燒的烈焰當中。

熱雜呼喚了三聲根本上師的名號，心安住於懷柔壓

伏等持當中，口中猛厲地發出「啪得」聲，以迅雷不及掩耳之勢，一口氣將屍體與女人用左手拽了出來。

參加聚會的有三百多人，大家都試圖抓住他，但都徒勞無益。英勇的熱雜從層層包圍中突圍出來，並將屍體與女人分開。

此時，與剛才迥然不同的是，所有的人都以異常歡喜的神情看著他。女人的家人、親友為報答熱雜的深恩厚德，贈與他大量的財物。男方的親屬也歡歡喜喜地將屍體放入火中焚燒。

熱雜將女人帶到藏地，到達策榮炯後，女人將擁有的四十多兩黃金全部供養了策榮炯寺。女人在該寺剃度，並受沙彌尼戒。熱雜將她託付給上師，她在那裡學習《文殊真實名經》與藏話。她以後的生活資具與衣服等，將由寺院為她提供。

一切安排妥當後，熱雜返回上師跟前，拜謁之後，熱雜將情況仔細向尊者匯報，尊者聽後說：「棒極了！這個女人是你的母親轉世，你以此舉回報了她的養育之恩。她將終身修法，並獲得不退轉果位。」

十二、黑白錯亂的狗

尊者與眾眷屬從北路前往拉薩，沿途經過給吉闊。當地居住了很多牧民，在這個被人們稱為「給吉野蠻部落」的村落裡，僅僅作偷盜和殺獵的人家就有七十多

欽則益西多吉密傳

戶，誰也不敢招惹這個強盜部落。

尊者等人就在這個強盜橫行的窩裡安頓下來。一天，尊者對熱雜和沃熱說：「我們三人出去買些肉、酥油和酸奶回來。」

他們走到村落裡面，將肉、酸奶等採購齊備開始返回時，一白一黑兩隻惡狗繃開繩索，一邊狂吠，一邊向他們猛撲過來。尊者從刀鞘中取出鋒利的刀子，將兩隻狗的身體從中剖開，迅速將牠們殺死了。

此時，爭強好戰的當地人被激怒了，他們全都集中起來，手拿各式武器，氣勢洶洶地將師徒三人團團圍住，準備就地處決。

尊者平靜地說道：「如果是因為不能殺這些狗而讓你們如此憤慨，讓牠們復活就行了。」說著，就將白狗的上身接在黑狗的下身上，將黑狗的上身接在白狗的下身上，然後用鞭子抽打。兩隻狗奇蹟般地復活了，親昵地對上師作出歡喜的樣子後，搖頭擺尾地回去了。

當地人都被眼前稀有難得的情景震驚了，他們生起了極大的信心與歡喜心，紛紛到上師前頂禮、懺悔，並從此斷絕了強盜、打獵的行徑，相續中生起了正法之心。

該村的村民們尚且發願將佛陀的《大藏經》完整地刻到石頭上，與尊者結下了很深的法緣，罪業的相續由此中斷，開始熱衷於弘揚佛法、廣利有情。

欽則益西多吉密傳　譯序

兩隻上白下黑與上黑下白的狗死後，牠們的皮放在了給吉竹欽寺，供人們瞻仰，至今，這兩塊狗皮也是這個稀有傳奇有目共睹的有力實證。

十三、超度未成功

一次，尊者與信眾在納占小住。尊者的舅舅得波去世了，尊者將舅舅的心識反扣在碟子下面，對哲龍.南加上師說：「我的舅舅去世了，請你幫忙超度一下，我有一匹上等的黑色駿馬，如果你能超度成功，黑馬就送給你。」

烏金南加開始全神貫注地超度，當念到「賀」時，小碟開始跳動，尊者將金剛壓在上面後，碟子又恢復了平靜，超度未能成功。

尊者又對一名叫榮美.作干的老喇嘛說：「看來烏金南加不能超度，你來試試，看誰能得到這匹黑馬。」榮美.作干鼓足力氣開始超度，當念到三遍「賀」時，金剛與小碟開始發出「松叉叉」的聲音，超度成功，老喇嘛得到了黑馬。

尊者對烏金南加大發雷霆：「你來到這裡已經八年了，我為你傳的光明大圓滿、空行心血精華沒有絲毫意義。你去自殺倒是大快人心的事，滾蛋吧！」說著就開始拳打腳踢，並將他帶到一個叫哲龍的山溝，那裡山勢巍峨、怪石嶙峋，有一處峭壁地勢尤其險要，即使飛禽

欽則益西多吉密傳

也無法棲息。人們把那裡稱為「危險要隘」。

尊者指著烏金南加的鼻子嚴厲痛斥道：「你從懸崖上往下跳，現在就給我自殺！」

絕望的烏金南加一邊祈禱上師，一邊爬上陡崖，閉上眼睛，奮不顧身地縱入了萬丈深淵。不可思議的是，他始終沒有墜地的感覺。驚奇之中，他不由得睜開雙眼，只見前面虛空當中，根本傳承上師，寂猛壇城由護法圍繞紛然呈現在他面前，他們都用手攜著自己。看到眼前異彩紛呈的景象，烏金南加欣喜若狂，依靠大樂智慧風，平穩地降落在神山前的岩石上，明清無念的智慧在相續中萌芽，徹見了三世諸法，並在岩石上留下了腳印。

尊者說道：「他本為伏藏大師嘎瑪朗巴轉世，因別人失毀誓言的晦氣染污，智慧一直未能甦醒。我用猛厲的方法令他原本的覺性復甦，的確是非常稀有。」

十四、野人的供養

夏扎神山前有一潭清澈如鏡的湖泊，湖邊有一修行的岩穴。一次，尊者在洞中閉關，神山的護法神以野人的形象來至尊者面前，向他供養了大量財物、資具，該情節被很多人親眼所見。尊者當時在湖中留下手印的稀有神變，至今仍是供人們朝拜的聖蹟。

十五、前往湖中水晶宮

有一年，供山神的日子即將來臨，加拉國王一行蒞臨夏扎雪山，在山中搭建帳篷，尊者也不期而至。

供養那天，尊者和國王都跨著駿馬整裝出發。只見尊者與沃熱一邊騎馬一邊手中擎著油燈馬不停蹄地走進湖中。加拉國王也跟了上去，當水淹至馬鬃時，他們因害怕而不得不掉轉馬頭。

國王與眾眷十分擔心，心急如焚地等待著。過了很長時間，尊者與東雜.沃熱完好無損地回到國王身前。國王倍感稀奇，不停地歡喜讚歎。

沃熱激動地向大家描述道：「我們師徒用手划著水向湖中走去，身上竟然沒有沾濕一滴水。一會兒，來到一座由三重圍牆環繞的千層水晶宮殿前，很多野獸、家豢動物圍繞在四周。我牽著馬韁繩，手拿酥油燈坐在門前。尊者則被很多身穿白衣的白人請進了宮殿，不知去幹什麼。過了一會兒，他們恭敬地將尊者送了回來。」

十六、取持明者的甘露丸

在一個祥瑞之日，尊者與弟子到東邊的夏扎神山薈供和煙供，忽然，尊者一下子消失無蹤了。眾眷屬焦急不安地四處找尋上師的身影。

忽然，大家看見一個巨大的野人正背著尊者，輕捷地向雪山上攀登。大家正想追上去，再一看時，他們已

倏然不見了。

野人將尊者放在岩洞裡，然後轉身離去。尊者四下
打量，見洞中擱放著滿滿一盤藥丸。僅僅依靠一粒藥
丸，就能在一天裡免除飢餓和乾渴的困擾。期間，他將
節餘的一托巴（人頭蓋骨製作的碗）藥丸存放在衣袖
裡。

第七天清晨，野人將毫髮無損的尊者背了回來。

一直懷疑尊者是否已被野人殺害或扔進深淵的弟子
們，幾天以來心中一直忐忑不安，看到惦念的上師安好
無恙，他們抑制不住內心的激動，拉著上師的衣服嚎啕
大哭。

尊者向大家講述了他的經歷，給每人發了一粒藥丸
並說道：「這是八大持明者製作的修行藥丸，是蓮花生
大師與弟子們一起炮製而成的，你們一定要將它視為至
寶。」弟子們聽後，都感到萬分幸運。

十七、護法神供養虎皮

尊者與弟子從夏扎神山出發到理塘，途中經過嘎里
草原，一頭馱行李的白色騾子顯出一付病態而駐足不
前。當牠停下吃草的時候，似乎沒有絲毫病痛。一旦讓
牠前行，無論是驅趕還是牽拉，牠卻始終不肯挪動一
步。正當無可奈何之際，尊者對霍瓦倉.丹增扎巴說：
「你就留在這裡，明天必須將騾子趕到理塘。」

丹增扎巴只好停下來，心無旁騖地對付這頭強騾子。但即使他使出渾身解數，騾子始終堅定不移地待在原處。晚上，他將騾子與自己的兩匹馬拴在松樹下，點起熊熊的篝火，安營紮寨住了下來。

　　半夜，一個野人前來烤火，丹增扎巴有點害怕，連忙給它一些食物，希望能與它和睦相處，不致受到傷害。

　　見到模樣令人毛骨悚然的野人，騾子與兩匹馬都因害怕而開始渾身顫抖。

　　忽然，前方出現了並列的兩點燈火，野人前去察看，當意識到那燈火不過是老虎的一雙眼睛時，它取出腋窩石（傳說野人時常在腋下存放一塊神奇異常的石頭）瞄準目標拋了出去，老虎應聲倒地而亡。

　　他們將老虎屍體取過來剖割，丹增扎巴負責剝下虎皮。當他剝完皮，野人則將虎皮送給了丹增扎巴，之後就不知去向。

　　第二天，丹增扎巴將虎皮馱在騾子背上，高興地趕到理塘，尊者說：「這就是葉扎山神供養我的坐墊，你幹得蠻好！」騾子也恢復原狀，安然無病。師徒們都沉浸在歡樂的氛圍當中。

十八、地祇供養水果

　　尊者駐紮在夏扎神山時，土地神化現為一身著白

衣，佩帶各種珍寶裝飾，美麗絕倫的女人，雙手捧著盛滿各種鮮美水果的響銅盤敬獻尊者。這一場景被加拉國王親眼所見，令他咋然稱奇。

十九、牬牛的復活

尊者停留在理塘時。一天，嘎塔堪布耕地的牬牛莽撞地闖進了尊者的住處。尊者說：「今天要殺了這頭牬牛。」說著就叫眷屬們逮住牬牛，抽出刀子猛然刺向牛頭，牛頭迅然落地。他用手提著牛頭，回到自己房裡。

約莫過了一頓飯工夫，放牬牛的牧童慌慌張張地前來打聽牬牛的下落，大家都支支吾吾地說沒看見，企圖蒙混過關。

尊者看到牧童，說道：「噢，牬牛在這裡。」說著將牛頭安放在牛的身體上並說道：「你自己來趕吧！」然後用鞭子開始抽打，牬牛令人咋舌地挺直身體，悠然離去。

二十、漢族商人的奇遇

尊者居住在理塘的時候，來了一位背著巨大背包的漢族商人，向大家殷勤地推銷他的糖類、酒類等琳琅滿目的商品。

尊者出其不意地將他的酒統統搶過來，獨自狂飲，並抽出尖刀，在筆挺堅硬的刀柄上輕鬆地挽了兩個結

後，拋擲於地。漢人的身前有一塊磐石，尊者用拳頭猛擊石頭，就在上面留下了清晰的手印。

從未見過如此奇蹟的漢人對尊者生起了難以言表的信心，當場被尊者慈悲攝受。

漢人以前是信奉回教的信徒，他在尊者前聆聽了黑自在天修法等諸多外道歷史及法門後，更是對學識淵博的尊者推崇備至。

尊者因材施教，為他傳授了觀世音菩薩的灌頂和教言。他依照教言精進苦修，念誦了八億觀音心咒，最後去往觀音菩薩的布扎拉山刹土。

這一段傳奇被收進新龍喇嘛虹身成就者白瑪登德的道歌集中。我是在霍喇嘛丹增前親自聽聞的。

二一、前往清涼尸陀林

尊者師徒在康定的瓦色加小住。一天，尊者對沃熱說：「今晚趁他們睡覺時我們準備出發。」

當夜晚過了三分之一的時候，他們躡手躡腳地出了門。「最好將門關嚴，不要讓任何人出來。」沃熱趕緊照辦，「你用雙手緊緊地抓住我的腰帶不要鬆開。」沃熱用雙手攥住後，立即感到身輕如燕，仿佛被一陣柔風吹拂，飄飄蕩蕩地在空中翱翔，不一會兒就落到了地面。

「你就坐在這裡，哪裡也不要去。」沃熱只好老實

地待在原處。

當日恰逢三十月晦之日，四處顯得尤其黑暗。朦朧中，沃熱看見許多如同骨架般的人，發出令人膽寒的「查戳」之聲，隆重地將上師接走了。

他慢慢地環顧四周，發現自己坐在一座宛若高山一般雄偉的佛塔前，附近還有一棵高大的喬木。他抓了一把佛塔的泥土，摘了一些樹葉裹在腰帶中藏在懷裡。

時間過了很久，儘管沃熱心中萬分焦急，卻始終不敢越雷池一步。

骨架般的人終於將尊者送回。尊者送給他滿滿一懷抱的薈供水果和食物。

「回家吧！」他拽住上師的腰帶，猶如來時一般迅捷地回到了康定的房前。

打開房門，師徒二人趁人們熟睡之際回到了房中，尊者上床後輕聲叮囑道：「我們今天的遊歷情形，一定要嚴加保密，任何人也不能宣講。」

日後，沃熱詢問尊者：「我們師徒二人曾經去過的地方究竟是哪裡？」「那是清涼尸陀林，那座崔巍如山的佛塔就是著名的樂積寶塔。」

二二、寺院護法

尊者居住在理塘寺時。

一天，所有的人們都看見在寺院後面的山腰上，夏

欽則益西多吉密傳　譯序

扎護法神以白人白馬的形象，由眾多眷屬簇擁著翩然而至。尊者上前與他們親切會晤，請他們擔任寺院的護法，在寺院中設立護法供養台並插上護法旗，修建護法殿並要求僧人們不間斷地祈禱和供奉護法。

二三、神魂樹上的稀有神變

尊者在理塘寂地的烏金窟中閉關一年時，當地的領主惡魔、厲鬼、游龍三者來至尊者身前聆聽教誨並承諾誓言。

尊者高興之餘，即興撰寫了此地與全知無垢光尊者修行之地——剛日托嘎具有同等功德的讚頌文以示誇耀。

此時，三大護法神中曜王的神魂樹——柏樹的每一顆果實上都自然顯現出曜王的眼睛，右旋的樹冠頂部出現了各種令人目不暇接的稀有幻變。在護法一髻佛母與單堅的神魂樹——大白松樹的樹幹上也顯現出兩位護法駐於此樹的種種神奇瑞相。

這些祥瑞徵象至今猶存，實在令人歎為觀止。

二四、會說話的佛像

在一個風和日麗的吉祥之日，理塘寺的多阿喇嘛，將塑好的七尊尊者像呈放在尊者面前，虔誠地說道：

「請您老發發慈悲，為這七尊塑像開光好嗎？」

「你最好將它們全都放在一塊木板上。」

多阿喇嘛忙不迭地連忙照辦。誰知尊者見他做完後，竟然怒斥道：「我還沒有歸西，你就膽敢塑出這麼多我的屍體，難道想咒我死不成？！」說著，就狠命地將七尊塑像從木板上摔出。

令人驚奇的是，七尊塑像被摔後，仍然安然無恙地面對尊者而坐。

多阿喇嘛又趁機再三請求：「這些塑像是我的祈禱對境，也是寺院的三寶所依。請您一定要開恩加持它們與您老無別。」

「既然這樣，那麼與我無別的相就站起來吧！」

尊者話音剛落，一尊相就霍然而立。大家驚奇之餘，連忙恭敬地將它放到桌上。

尊者問道：「你果真是與我無二無別嗎？」

「是的！」塑像響亮地回答。

聽到尊者與塑像的問答，大家一致稱奇，紛紛讚歎不已。

尊者又吩咐道：「其他的六尊相就把它銷毀扔掉吧！」

二五、參與薈供的鷹鷲

尊者在理塘的雪噶波剛神山，作層層疊疊、難以計數的供品遍滿山腰的大型薈供。

一次，在做迎請時，四面八方的鷹鷲鋪天蓋地般翩然而至。

當尊者作供養、懺悔、降伏等儀式時，鷹鷲們也相應發出不同的聲響並將薈供品盡享無餘。儀式圓滿後，鷹鷲們紛紛移至尊者身前作頂禮狀，並騰空圍繞神山和寺院右繞三匝，才戀戀不捨地向遠方的空中翱翔而去。

二六、其他的為什麼不帶回？

一次，理塘寺的住持多阿根桑活佛與尊者攜眾眷朝拜與靈鷲山（位於印度）功德等同的果沃拉則神山。

在轉山途中，尊者的白馬留下了清晰的足跡。

當大家在神山前駐紮下來後，尊者對多阿活佛說：「您請到神山裡面去朝拜吧！」活佛按照指示向深山探尋。不久，就在一平壩上發現一塊四方形的巨大岩石，上面擺放著許多佛像。

其中有一尊白響銅製成的金剛手像，右手執持金剛，左手持鈴，顯得十分端嚴，令多阿根桑活佛愛不釋手，不禁將它帶回。

回到尊者面前，尊者問道：「活佛，您看到了什麼稀奇之事？又帶回些什麼寶貝啊？」活佛將先前經過毫不隱瞞地向尊者敘述，並將佛像供養尊者。

「其他的佛像為什麼不帶回來？趕快去把它們請回來！」

欽則益西多吉密傳

多阿活佛連忙返回，當他回到原來擺放佛像的地方，一切都消失無蹤了，他只好垂頭喪氣地回到營地。

二七、決不捨棄原來的上師

一次，尊者在理塘寺為弟子們講經說法。來自石渠夏擦寺的兩位僧人與給芒寺的東雜沃熱也一起欣然前來求法。

他們三位自以為神不知鬼不覺地悄然坐在僧眾的後面，尊者遠遠地看見他們，問道：「你們三位是來幹什麼的？」他們只好將希望求法的願望向尊者匯報。

「你們三位以前依止過上師嗎？」當得到肯定的答覆後又問道，「是那位上師？」

三人小心翼翼地回答：「是莫節南夸多吉與加哲先潘塔依兩位上師。」

尊者漠然地說：「先潘塔依是誰？他的姓和種族是什麼？是誰的化身？我可是第二佛──蓮師烏金仁波切五位眷屬之一的法王赤松德贊到吉美朗巴的化身。你們要想獲得正法，真正成為我的弟子，必須捨棄先潘塔依等原來的上師。若做不到，就不能坐在這裡。」說著就將他們從大眾中攆出。

尊者講法完畢準備給大眾灌頂時，他們又趁機試探看能否有機緣得受灌頂，結果又如前一般被驅除。

幾天以後，許多高僧大德紛至沓來，尊者又即將傳

講佛法，他們三人又抱著最後一線希望到尊者前祈求。可惜，殘存的希望又最後一次被尊者無情的答覆撕得粉碎。

來自夏擦寺的兩位僧人對沃熱說道：「我們不顧路途遙遠歷盡艱辛前來求法，但除了拜見卻一無所得，如果沒有求到正法，實在無顏見江東父老。不如我們心中不捨棄，只是口頭上捨棄，您看如何？」

沃熱義正詞嚴地回答道：「即使是口頭上，我也決不捨棄，我的上師沒有絲毫需要捨棄的過失！」

夏擦寺的兩位僧人商量後，到尊者前表示捨棄原來的上師。

第二天傳法的時候，二位僧人興高采烈地加入了僧眾的行列。沃熱也心存僥倖地跟在後面，尊者又如前一般提出要求，結果又被毫不容情地驅趕出來。

此時的沃熱已心灰意冷，他想：「既然得不到法，只有離開這個傷心地了。」然後背著背包，邁著沉重的腳步跨出了寺院的大門。

剛走出不遠，一位僧人追了上來：「上師請您回他那兒去。」

沃熱高興地返回了僧眾的行列，只聽尊者說道：「依止上師，就應該像沃熱一樣。你們二人將來遇到別的上師，也一定會捨棄我，我絕不能攝受你們！」說著，將夏擦寺的兩位僧人趕出了寺院。

欽則益西多吉密傳

之後，尊者一直慈悲攝受給芒寺的沃熱。不論尊者以寂靜調柔的方式溫言告誡，還是以威猛嚴厲的態度直面呵斥，沃熱對尊者的言教從未有過絲毫違背，一直陪伴侍奉於尊者左右，終於令自己的心與上師的智慧融為一體。

尊者經常以這種昵稱誇讚沃熱——「與我無二的尊者」。

二八、不讓我死太可惜了

在一個吉星高照的日子，尊者前去朝拜金川地方的觀音寺，途經則塔山谷。

兩位當地的牧童商量決定，由其中一人裝死，他對夥伴說：「你去告訴上師說我死了，據說這位上師無所不知，到底如何，就可以此見分曉了。」

然後，其中一人就裝死躺在地上，一人跑到路邊對尊者說：「我的夥伴死了，您老人家一定要幫忙超度啊！」

「好吧！」尊者一邊說著，一邊從馬上下來，坐在「死」者的頭部旁邊，抽了三鍋煙後用煙袋鍋在他頭上敲了敲，一言不發地走了。

一會兒，牧童去叫裝死的夥伴起來，但任憑他千呼萬喚、生拉活拽，夥伴仍然像一灘爛泥般毫無知覺，原來他早已停止了呼吸。

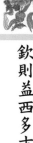

欽則益西多吉密傳

牧童知道大勢不妙，十分傷心後悔。連忙追到上師面前，氣喘吁吁地將前因後果一一道來，深切地懺悔，祈求尊者能救活同伴。

「好吧！」尊者返回去坐在屍體頭部旁邊，口中念著「雜」，以手作三次鐵鉤手印，並念誦一次勾召魂魄長壽偈後迅速離去。

死者慢慢地開始呼吸，口中也逐漸發出聲音：「我剛被超度到了清淨剎土，你們不讓我死太可惜了阿帕沃（阿帕沃是藏地表示惋惜之情的感歎詞）！」說著，拋棄牛羊，追到尊者身邊，痛哭流涕地恭敬懺悔，希望尊者能不計前嫌，慈悲攝受，尊者答應了他的請求。

從此，他一直對尊者恭敬承侍。五年後，他離開了人世，從他的遺骨中，生出了很多舍利。

二九、降伏山神

一次，尊者與僧眾前往夏忠寺。途中迷了路，晚上在一片寬闊的荒原上歇腳。剛點著篝火，就有兩隻狼前來將一頭白騾子咬傷後溜走。

尊者對熱雜和沃熱兩人說道：「如果你們不能將狼殺死，就不要回來見我！」然後將火槍與彈藥交與他們。

兩隻狼翻山越嶺，落荒逃竄。他們二人緊隨其後，毫不猶豫地奮力追趕。一眨眼，兩隻狼忽然不知去向。

為了完成上師的命令，熱雜只得以懷柔等持勾召，沃熱以火槍射擊，兩隻狼終於中彈而亡。

他們扛著屍體，步履艱難地往回走。天出奇地黑，伸手不見五指，他們深一腳、淺一腳，直到半夜才返回駐地。

尊者一直沒有就寢，等待著他們的消息。見他們順利歸來，高興地說：「你們幹得很棒！」

兩隻狼的屍體被放在尊者身邊。等他們兩人吃飽喝足後，尊者拿著一根棍子，對著屍體猛烈地抽打。

兩隻狼復活了，準備伺機出逃。尊者警告牠們說：「你們必須承諾以後決不殺害任何眾生，否則，我就會讓你們嘗嘗被火燒死的滋味！」說著，就拿著棍子繼續痛打。

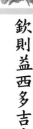

兩隻狼痛苦不堪，涕淚四流，牠們將頭蹭著尊者，作出恭敬頂禮的樣子，表示痛改前非。尊者將金剛放在牠們頭上，並且宣布誓言：「若發誓從今往後決不殺生，你們就可以走了。」兩隻狼圍著帳篷右繞三匝後，沒精打采地離去。

其實，這是尊者在降伏宗山的雪馬達策山神，狡猾的山神終於被尊者的威力折服了。

三十、非人前來迎接

尊者前往康定，途經莫尼的那瓦西。途中，菲龍果

中、熱果則森、齊美阿色等非人，分別顯現為四位白人騎著白馬、四位綠人騎著綠馬、四位女人騎著白色騾子，前來迎接尊者的到來。

他們盛情地向尊者獻上潔白的哈達，並請求摸頂，旋即消失無蹤了。

三一、不要墮入小乘

弟子沃熱始終依照上師旨意行事，無論尊者示現寂靜相還是威嚴相，他都言聽計從。最終，尊者相續中的證悟已融入他的內心。

過了很長時間。一次，加哲先潘塔依前來拜見尊者。

尊者得知消息後，為自己準備了一個高高的法座，上面墊著虎皮，前面放著一碗白酒。

尊者又吩咐在法座前為加哲先潘塔依設置一付長方形的氈墊，為弟子沃熱在氈墊的另一側上面鋪設了豹皮。

他讓沃熱穿著花氆氌製作的衣服，腰佩長刀，頭上挽著髮髻坐在墊子上，並說道：「在我沒有同意之前，你不許站起來！」

加哲先潘塔依到來後，恭敬地向尊者頂禮，並獻上哈達。尊者沒有回敬哈達，只是端著一碗酒說道：「請喝酒！」

欽則益西多吉密傳

加哲先潘塔依雙手接過酒碗，一滴不剩地喝了下去，然後坐在氈墊上。

尊者用睥睨的眼神看著加哲先潘塔依，以傲慢的神情說道：「我只以密宗為學處，對於小乘，從沒有豔羨之情。你卻從密乘墮落，以聲聞乘為學處，所以只配坐這個墊子。顯密高低的差別，在於地道的差別。看看我們設置的坐墊，你知道是為什麼嗎？看看你的弟子沃熱，他到我這裡來後已經還俗的行為你看見了嗎？你看看他！」

聽到上師的話語，沃熱感到惶恐不安、六神無主，只有恭敬地低著頭，如坐針氈一般地奉陪著。

只聽加哲謙遜地說道：「是的！」緊張的氣氛才開始鬆懈下來。

兩人互相交談了很久，加哲回到了寢室。

尊者見加哲走遠，連忙說道：「沃熱，把你的衣服換了，頭髮解開，穿上羌特，去拜見你的上師，向他頂禮、懺悔，照我所說的去做，並將一切告訴他。」

得到開許後，沃熱喜不自勝地趕到加哲身邊，按尊者的吩咐稟告上師。

加哲十分歡喜：「好極了！你的情況我已仔細聽聞，很棒！真乃大丈夫之所為！很有意義！我由衷地感到欣慰。」聽到上師的誇讚，沃熱不由得心花怒放。

欽則益西多吉密傳

三二、加帕寺講經

一次，尊者到加帕寺講經的經過（原文此處遺漏）在哥龍喇嘛根桑的道歌集中有記載。

三三、復活的旱獺腐屍

在一個良辰吉日，尊者前往康定的加拉國，途經莫尼的白色圍牆。

路邊有一片令人賞心悅目的草壩子，尊者說道：「我們在這裡歇歇腳。」大家謹遵師命，停下來點火燒茶。

此時，來了一隻旱獺，不識相地發出：「秋秋」之聲。尊者舉槍射擊，旱獺中彈身亡。

「沃熱，把屍體拿過來！」沃熱趕緊將屍體放到了尊者面前。

吃完飯準備出發時，尊者又說道：「沃熱，將旱獺的屍體放進牠自己的洞裡，好好地保存，我們上來時需要它，千萬不要忘了！」沃熱按照吩咐一一辦妥後，一行人又夙興夜寐地趕往加拉國首府。

他們在當地廣作各種佛事，從初夏一直待到仲秋，才辭行回返。

回到原地時，沃熱心想：最好還是現在提醒上師，否則，若越過山嶺再返回來就會很麻煩。連忙說道：「上師，旱獺的屍體您還需要嗎？」

欽則益西多吉密傳

221

「哦！當然。大家停下來燒個茶吧！」安頓好以後，尊者又說道：「沃熱，你去將旱獺的屍體，一根汗毛也不能丟下，完整地給我拿來。」

沃熱走到屍體旁，見屍體已完全腐爛，無數的小昆蟲正嚙噬著臭氣熏天的腐肉。

他將屍體完整無缺地放在披單裡，帶到了尊者面前。熏人的臭氣讓他喪失食欲，尊者卻毫不顧慮，吃得津津有味。

臨將出發時，尊者開始加持旱獺的屍體，並用手去輕輕地撫摩。

旱獺復活了，口中發出「秋秋」的聲音，搖頭擺尾地回到了自己的住處。

見到該場景，弟子們都瞠目結舌，生出極大的信心和歡喜心。

平時，尊者常使剛剛咽氣、體溫尚存的鵰鷹、旱獺、鳥雀和野獸復活，弟子們都見慣不驚、習以為常。像這樣屍體腐爛且遍滿小蟲，初夏死亡，仲秋復活的事例的確罕見。

尊者告訴大家：「這隻旱獺是以前用血肉作供施的上師轉世，如果沒有遇到我，他死後將立即墮入地獄，萬劫不復。我將牠的神識暫時遷移，讓牠以身體償還了所欠的血債。」

三四、擊退漢軍

尊者在加拉國居住的時候，一些漢人覬覦加拉國王的財富和地位，躍躍欲試地準備攻占加拉國。

尊者以壓服魔軍金剛橛猛修儀軌降伏，只見朵瑪盤中火星四射。

此時，漢軍所在的虛空中，忽然雷聲陣陣，震耳發聵，卵石大的冰雹劈頭蓋臉地砸了下來，使毫無防備的漢軍無處藏身，凡是冰雹融化的水接觸的皮膚，就會受傷、燃火、起泡或感染天花等瘟疫。漢人被打得潰不成軍，只有狼狽逃竄。

加拉國大獲全勝。

三五、遊歷銅色吉祥山

尊者在康定的瓦色加家中居住時。一天，他吩咐大弟子華吉桑給：「準備好筆墨紙硯，我們明天前往銅色吉祥山（蓮花生大師剎土）。」

第二天朝陽升起的時候，西南方的虛空中，出現一道藍布般的彩虹，從空中一直延伸到窗戶。

尊者沿著彩虹走在前面，華吉桑給緊隨其後，往虛空中走去。

從空中往下俯視，只見遍滿大地、綿延無邊的大海。再往前走，下面是一片遼闊的陸地，印度等地一一跳入視野，此處不一一贅述。

此時，只見前面的虛空中，白、黃、紅、藍、綠共二十五位天女，手持幡幢、寶傘及各種供品前來迎接。

前行一段，許許多多形態各異的羅剎城進入眼簾，裡面充斥著九頭、三頭、五頭的羅剎，手持各種兵器。

再往前走，看到如同心臟形狀般的紅色吉祥山，山頂是由十層圍牆環繞的無量殿。

他們降落地面，走進無量殿。

只見蓮師熱夏托闖為九頭十六臂，呈極為忿怒之相，以眾多的珍寶及尸林飾品裝飾，炫目的火光照及四方。

五部熱夏以骷髏鬘裝飾圍繞著以黑日嘎飾品裝飾的八大持明，周圍由君臣二十五、八大伏藏師環繞。

其外圍是一百零八位伏藏師，有的以黑日嘎飾品裝飾，有的現出家相，有的以密咒師形象出現，有的穿印裝，有的著漢裝，有的披藏袍，有的裸體，各路精英濟濟一堂，蔚為大觀。

還有不可勝數的勇士勇母前來助興，有的上師發出猛厲的「吽帕」之聲，有的唱著道歌，有的在研討佛法，有的在聚會共修大法，有的在薈供，有的在誦經，情態各異，不一而足。

上方、中方，白、黃、紅、藍、綠各色天女以曼妙的姿態歡歌起舞，敬獻各類供品。

以上所見之地和無量宮等與極樂世界的功德均不相

欽則益西多吉密傳

224

上下。

過了一會兒，蓮師波達托創為加瓦龍欽巴（無垢光尊者）、多哲欽等個別上師賜授大圓滿句義灌頂，傳授將華西寧與嘎熱多吉的心滴法門。

尊者師徒也榮幸地加入了他們的行列，得到了灌頂及教授，並拜見了中層報身界諸尊與上層法身剎土。

師徒又趕往西方的岩窟中，拜見居住於此的多哲旺尊者，得授空行句義灌頂與《竅訣金字》等法門。多哲旺尊者囑咐他們回到人間後，一定要弘揚佛法、廣利有情。他們點頭承諾後，沿著來時的光道返回了康定。

見到如此奇觀，施主們都以讚歎的口氣說：「上師師徒駕御著陽光回來了！」並大擺喜宴以示慶賀。

以上雲遊銅色吉祥山的經歷，是按照霍喇嘛的講述整理成文的。

三六、誰的腳印

尊者住在康定的時候。一天半夜，沃熱聽到尊者呼天搶地地召喚自己，立即趕至尊者身邊。只聽尊者說道：「我病得很重，馬上會死掉，你將我的衣服全部脫下，將裸體的我放至門外，這樣，我的病就會痊癒。」

沃熱為難地說：「不脫衣服可以嗎？」尊者堅決不從，他只好將裸體的尊者放在門檻上。

「你回去睡吧！」尊者命令道。

欽則益西多吉密傳

沃熱只好返回床榻。剛躺下，就聽尊者在外面一再地高聲呼叫：「哎呀！加拉國王啊！沒良心的沃熱將我裸體放在門邊，我馬上就快被凍死了！」

沃熱害怕被加拉國王父子聽到，連忙回到尊者身邊，低聲下氣地向尊者再三祈求：「您千萬不要這樣，回到床上去好嗎？」

尊者終於說道：「既然這樣，你將我送回床上吧！」

沃熱立即準備去抬尊者，但尊者的身體忽然變得十分沉重，即使一根頭髮也無法撼動。無計可施的沃熱只好再向尊者告饒：「求求您千萬不要這樣，如果您能回床上，無論您說什麼我都照辦。」

「既然如此，那你就在我坐的地方裸體待到天亮。」

沃熱心想：即使死了，也沒什麼大不了的。就答應道：「行！」

「你現在可以將我抬回床上了。」

與剛才迥然不同的是，當沃熱再去抬尊者身體時，簡直輕如鴻毛，他輕而易舉地就將尊者抬到床上，並蓋好了被子。自己則脫下衣服，蹲在了上師指定的地方。

十一月的冬天滴水成冰、寒冷刺骨。沃熱修絕地火也無濟於事，他下決心即使死去也要堅持到底。

天亮了，尊者仍躺在床上。太陽即將升起的時候，

欽則益西多吉密傳

國王與眾眷到尊者床前請安，尊者才從被窩裡出來，誇張地吼道：「哎呀！大家快看，沃熱在裝模作樣地修扎龍呢！你不害臊嗎？快穿上衣服！」

沃熱慌忙起來後，大家看見門檻的石頭上留下了清晰的腳印。

「這一定是沃熱留下的。」尊者一本正經地說道。

「不是我！是上師！」但無論沃熱如何解釋，蒙在鼓裡的國王父子都被眼前稀有的景象驚呆了。

三七、放下屠刀，立地成佛

尊者一行住於加拉國時，一個被稱為「屠夫達吉」的獵人，牽著國王的獵狗，獵殺了難以計數的鹿子、獐子等野獸。

打獵歸來，獵人在尊者等人面前滔滔不絕地炫耀著他在狩獵場上的輝煌戰績。尊者也顯得十分開心地聆聽他自鳴得意的誇耀。

一天，他將自己剛捕殺的一頭鹿子拿到尊者臥室門前炫耀。尊者見狀，脫下鞋子，拉著他的胸口，用鞋在他的臉頰上重重地扇了五下。

屠夫被嚇得魂飛魄散，昏厥了很長時間。當他恢復知覺時，上師相續中的一切證悟已完全融入內心，成為一名具證的大成就者，罪惡的相續也由此截斷。

欽則益西多吉密傳

三八、被遺忘的儀軌法本

尊者在加拉國家時，國王向尊者祈求灌頂，得到了首肯。

弟子熱雜開始作陳設壇城、供品等前期準備，正當大家興致勃勃的時候，突然發現修灌頂儀軌的法本被遺忘在嘎囊寂靜處。

國王表示可以派人去取，尊者卻不慌不忙地說：「不要緊，會得到的。」

此時，加拉國王子正住在亞熱溫泉。正當旭日東昇的時候，他看見尊者正大步流星地行走在原野上，與此同時，相隔遙遠的嘎囊寂靜處的弟子們，都不約而同地見到尊者取走了儀軌法本。

來自亞熱溫泉的國王侍從向國王啟白：「我們剛才看見尊者一人在原野上急馳。」

國王不以為然地說道：「絕不可能是尊者，因為他正在房間裡用餐呢！」兩人相執不下，疑竇頓生。走進房間，見尊者正坐在房中，前面的桌上放著一本小小的經函。

國王問道：「灌頂儀軌已經拿到了嗎？」

尊者一邊脫下上衣，一邊說道：「我剛取書回來，已經累得快喘不過氣來了。」大家一看他的上身，果然早已汗流浹背。

國王、王子、侍者等都不禁連連稱奇。

三九、開槍，為群魔送行

加拉國王在康定金剛寺塑了一尊金銅合金的蓮師相，曾遍請各方高僧開光，仍然會出現一些不吉祥的事端。國王因此而求助於尊者，希望能開光加持。

尊者吩咐道：「你於某日陳設廣大供品，並打開殿堂的大門。」

國王於規定之日一一照辦。當天，只見尊者英姿勃勃地跨著駿馬奔馳而來，他一邊開槍射擊，一邊大聲地吆喝。

一梭子彈衝出槍膛，穿透了蓮師像的心間。尊者手持寒光凜凜的長刀在殿堂中作出似乎要將誰追逐驅出門外的樣子。急情間，金剛寺的僧眾們被趕得無處容身、無處躲藏。

驅趕完畢，尊者坐在坐墊上開始狂放地飲酒，並對佛像沐浴、開光。此時，上師心間一道五色的光芒融入佛像，接著又放出彩虹般的光芒遍滿殿堂，繽紛的花雨開始紛紛飄落。如虹的光焰持續七天，始終未消失，氤氳芳香彌漫四周。

加拉國王妃拉貝有一個嵌滿各種珍寶的金質嘎烏盒，她將它供養佛像以裝飾心間的彈孔，並舉行了盛大的喜宴。

第七天早上，正當大家在蓮師殿進行供養的時候，聽見蓮師像發出娓娓的說話聲，大家都愕然不已，並由

欽則益西多吉密傳

此生出強烈信心。

尊者就是以此法將妖魔驅除，並迎請蓮師融入此像的。

四十、拉莫則山的奇觀

一次，尊者在康定城東的拉莫則山以桑煙供養山神時，山腰出現了團團白霧，雲霧的罅隙之間顯現出各種供品，並發出美妙動聽的琴瑟鈸鑔之聲。同時，康定全城普降甘露喜雨，滿城信眾無不慨然稱奇。

四一、珍寶洞中取伏藏

尊者住在康定的加拉國時，一天，尊者對沃熱說道：「你現在出發到珍寶洞去，遇到什麼也不要言聲，得到的東西把它拿回來。」沃熱依言前往。

走到洞口，只見分別穿白色與黑色毪衣的兩人在奮力爭搶一虎皮口袋，沃熱一邊猛厲祈禱蓮師與尊者，一邊出其不意地從兩人手中搶過口袋，飛快返回尊者住處。

尊者恰好在門口，他立即將虎皮口袋呈上，見到上氣不接下氣的沃熱，尊者說道：「很好！真正的勇士就應以你為楷模。」大大地將他讚歎一番。

喝茶的時候，只見尊者從口袋中取出黑白兩個石篋，打開後，分別取出一枚一卡長的天然鐵質金剛橛和

白響銅製作的無有蓮花底座的多聞天子像。虎皮袋中盛滿了被稱為「阿仲沙」的紅沙。

這就是珍寶洞中取伏藏的神奇經歷。

四二、山神敬獻海螺

一次，尊者在莫尼的白色圍牆，熏桑煙供養山神。頃刻間，夏扎山頂被一陣濃烈的白霧所籠罩。夏扎山神化現為纏著頭巾的白人，駕馭著驍勇的白馬，來至桑煙台前，向尊者敬獻一枚白色海螺。

尊者接過後，鼓足力氣吹響了海螺。嘹亮的海螺聲響徹山谷，大家都沉浸在悅耳的海螺聲中，全神貫注地凝望著尊者。

此時，夏扎山神已在大家的忽略中不知去向。

四三、山神供養奶子

尊者一行駕臨莫尼白色圍牆的夏果東切。尊者獨自住在一間小帳篷裡，尊者妹妹與兒子哲與眾眷共居於大帳篷內。

兩位廚師正忙著生火做飯，只聽尊者大聲地喊著：「快來取奶子！」廚師與哲聞聲迅速趕至尊者身邊。

在尊者身前的一隻花水晶桶裡，盛滿了乳香四溢的奶子。

「快將奶子騰出，將桶還回來。」兩人趕快倒出奶

子還回器皿。

過了一會兒，廚師到尊者前供茶，環顧四周，先前的水晶桶已消失不見，廚師不由得詫異萬分。

原來，水晶桶中所盛的奶子是夏果東切的山神供養尊者的。

四四、勇敢的小女孩

尊者住在加拉的瓦色加家中時，一天，尊者為瓦色加的兒子益西設置了一個高高的法座，並在上面墊上了虎皮。

「小夥子，坐上去！」

面對尊者的慫恿，益西嚇得不知所措，只敢畏縮地坐在法座旁邊。

「我來坐！」家裡五歲的小女孩歡喜雀躍地說著就爬上了法座。

「那也不錯。」尊者略帶遺憾地授記道，「如果兒子敢坐在法座上，他父親的心中會顯現一百尊菩薩，如今小女孩坐上了法座，就意味著她母親的心中將會顯現五十尊菩薩。」

四五、覺沃佛像心間的光芒

一次，尊者在塔公覺沃佛像前作十萬薈供，只見覺沃佛像心間發出一道炫目的光芒融入了尊者心間。尊者

頓時現出不同以往的威嚴光澤，身體無有影子，成就了虹光身。

在場的人都不禁連連咋舌。

四六、覺沃佛像張開金口

一次，尊者在塔公覺沃佛像前頂禮，只見覺沃佛像面部呈微笑狀，口中令人驚奇地發出「誒瑪火」的感歎。在場的人都親耳聽聞，無不甚感稀有。

四七、虛空中獲取甘露

尊者在轉繞夏崗熱塔的途中，虛空中出現了盛滿甘露的托巴，尊者以取伏藏的方式獲得了甘露，在場的所有的人都親眼目睹了這一場景。

四八、仰視變為俯視

欽則法王的弟子具德喇嘛日比益西趨入涅槃時，身體日漸縮小，被盛放於一黃銅盤裡，最後只剩下頭髮和指甲，成就了虹身，不捨肉體微塵，前往空行剎土。

事發當天，尊者一邊喝酒，一邊目不轉睛地仰望虛空，若有所思地微笑。

他對加拉國王說：「你看見了嗎？以前是他在法座下朝我仰視，現在是他在銅色吉祥山向我俯視。」

「是啊！」加拉國王一邊隨聲附和，一邊雙手合掌。

四九、飲酒的蓮師像

尊者在塔公傳法期間，曾以一滿碗酒供養蓮師像。令人目瞪口呆的是，蓮師像居然接過酒碗，一飲而盡。

五十、有眼無珠的香燈師

尊者住於夏崗熱時，曾將手伸向空中，取回一塊白色石頭，遞與塔公寺的香燈師，說道：「給你。」

有眼無珠的香燈師自忖道：一塊石頭，有何用處？忙拒絕道：「我不要！」

沒想此言一出，頓時將緣起破壞。尊者滿臉怒容地說道：「真倒霉！」

原來，此乃三身任運自成智慧寶箧，是夏扎山神送給塔公寺的三寶所依。

「不要就算了！我三世後再來接受。」尊者說完，又對著虛空說了一句：「你帶回去吧！」就將石頭扔回空中，石頭一下子就不見了。

五一、野狼供養九股金剛

尊者從塔公前往康定，途經俄雜山口。一隻狼口銜一枚天然鐵質九股金剛，擱放於尊者必經之路的一塊石頭上後，掉頭而去。

欽則益西多吉密傳

五二、眾多持明者前來薈供

尊者在節囊寺中矗扎親手製作的蓮師像前廣作薈供、熏燒桑煙。

期間，蓮師像中降下吉祥甘露。空中遍布種類不同、形態各異的鷹鷲，薈供圓滿，鷹鷲們右繞寺院三匝後，才躍入長空，飛馳而去。

五三、供養護法時的吉兆

尊者與僧眾住於納扎局瓦崗時，多哲活佛彭措炯列、覺哲晉美尼桑也聞訊前來。

三人會合在一起時，施主瓦些康芭拿出大量美酒和飲食，並熏燒桑煙供養護法和地神。

在迎接護法時，空中彩虹輝耀四方，甘露妙雨滋潤大地，一輪呆日騰空而起。天人的音樂聲響徹四方，各種飛禽發出音階各異的鳴叫，動聽的和聲在空中久久迴蕩，在場的人無不拍手稱奇。

五四、等一等兩位畫家

尊者在金剛寺作吉祥日薈供，眾眷們都無一例外地歡聚一堂。

來自佐欽的畫家羅丹和尼瑪師徒平時也經常參加。一天在薈供時，兩位畫家心想，連續的薈供不一定每天參加，今天應該在外面磕長頭。

欽則益西多吉密傳

過了一會兒，只見尊者騎著白馬，手持長鞭，威風凜凜、怒氣沖沖地策馬而來，對著兩位畫家怒吼道：「你們為什麼不參加薈供？快去！」然後又揚鞭而去。

他們兩人膽戰心驚，連忙趕往現場，在僧眾的外圍坐了下來，看見尊者顯得若無其事地坐在法座上。

薈供完畢後，二人將剛才的事告訴別人，大家都眾口一詞地反駁道：「尊者哪兒也沒去，只是說過：『兩位畫家還未到場，我們再等候一會兒。』但一直沒離開過法座。」

五五、過河的神奇經歷

尊者為加拉國家作鎮壓儀式，將任務交付於康定地神怎扎。

他與弟子白瑪特確手持鎮壓食子，來到一無舟無橋，牛馬不能通過的大河邊。

「白瑪特確，背我過河！」白瑪特確萬般無奈，只好背著尊者過河。他們滴水未沾就順利地過了河，歡天喜地地作了鎮壓儀式。

回來的時候，因為有先前的經歷，白瑪特確顯得興高采烈，毫不畏懼地背著尊者衝往河心。沒想到兩人卻被水沖得狼狽不堪，幾經掙扎，才回到岸邊。

尊者示現的這些成就徵相實在讓人感歎不已。

五六、摒除休丹神

康定的加絨哲倉供養休丹神時，出現了種種不祥事兆，他們求助於尊者，希望能予以護佑。

一天，尊者忽然前來，將休丹神像打翻在地，扔進廁所，剩下的一切物件全部拋入水中、火裡。

從此以後，就萬事太平了。

以上的故事是我在尊者的貼身弟子與三位活佛前親耳聽聞的。

五七、會走路的食子

尊者一行在加拉國首府修大忿怒金剛降魔儀軌，大食子與聖物已在壇城中陳設完畢。只聽擔任卻本（主管陳設壇場和祭品的僧人）的東雜沃熱驚呼道：「糟糕！我忘了事先扔出開路食子。」

尊者將用於加持的黑白石子撒在開路食子上，只見食子一下子像長了雙腳，迅速竄到了其他食子前面。

在場的人都倍感驚奇。

五八、復活的鹿子皮骨

葉塘國王邀請尊者一行前往首府瑪豐。儘管尊者示現了種種成就神變，但剛強難調的當地人並沒有生起應有的信心。

國王養了一頭鹿，平日裡十分寵愛。尊者在眾目睽

瞬之下，毅然殺死了鹿子，將血肉用於薈供，王妃和眾
眷們都得以大快朵頤。

享用完畢後，尊者將吃剩的骨頭包在鹿皮裡，然後
用鞭子抽打，鹿子又如先前一般活蹦亂跳了，舉國上下
見此奇事都生起了極大的信心。

五九、弘揚密宗光明心滴法

一次，尊者得以親自覲見斷法派所有本尊的事蹟，
在其廣傳中有詳說。

香巴派（寧瑪派八大派系之一）的教法在當地尚無
法脈，尊者以其廣大威力調服了當地民眾，使密宗光明
心滴法門就地深深地扎下了根。並吩咐以三大護法為主
的護法以護持佛法為重任，保護好國王和疆域範圍內的
一切，遣除了法主日比益西的違緣。

六十、扶持國王提升威信

尊者一行住在首府時，國王向尊者請求道：「您能
否助我一臂之力，成全我所管轄地的瑪豐央宗護法的威
力，勝過在境內不可一世的東混.熱訥瑪？」

「這恐怕不好辦，熱訥瑪是加絨墨爾多神山的大山
神，實為無與倫比的護法單堅，我實在無能為力。我只
能幫助您的央宗護法將威力提高到前所未有的程度。」

尊者一邊說著，一邊開始作輪涅供養，熏燒桑煙，

欽則益西多吉密傳

埋下八個寶瓶伏藏。並為國王念誦護法偈和桑煙偈。

此時，瑪豐央宗境內出現了海螺一般的白色雲霧，濃厚的雲煙籠罩大地。

國王和民眾都奔走相告，引以為奇。

六一、你能與我相同嗎

一次，尊者住在加莫絨的一個漢族富商家裡。

一天，尊者不間斷地抽了很多煙，並將煙霧一絲不留地吞下，向漢人問道：「你能與我相同嗎？」

漢族商人自信地回答道：「我們除了是否懂得文字的差別外，在其他方面別無二致。」

欽則益西多吉密傳

「噢！那現在你領教一下是否相同。」說著，只見先前吞下的煙霧全部從尊者的十指尖湧出，四處煙塵彌漫，以漢人為主的眾眷都驚詫不已，生起了無比的信心。

六二、打得惡魔鬼哭狼嚎

加莫絨的擦切扎倉寺的殿堂被惡魔盤踞，很多進出過殿堂的僧人都上吊自盡，延請了很多上師予以加持，但都如同隔靴搔癢，不見奏效。

一次，又一位僧人遭到了同樣的厄運，他們因此而求助於尊者，希望能予以庇護。

「噢！你們在殿堂裡放上很多酒，上吊的屍體不用

取下來，我會親臨現場的。但不要將我來的情況告訴任何人，如果別人問起，就說欽則上師已經婉拒了我們的請求。」

抱著殘存的一線希望，僧眾們連忙照辦。

一天，尊者忽然大駕光臨。將擺放的八桶酒一飲而盡，抽出死人脖子上的繩索，換到自己的脖子上，如同上吊一般地將自己吊起來，並開始「哇哇」大叫。先前喝下的酒全部嘔吐出來，溢滿整個殿堂。

尊者拽住脖子上的繩索，用刀割斷。然後將刀刺入屍體。頓時，殿堂中傳來了呼天搶地的哭聲，與「痛啊！」的哀叫聲交織在一起。令人膽戰心驚。

魔王被制伏了，冤魂得以超度，上吊的現象從此斷絕，當地又呈現出一派祥和景象。

六三、鎮服休丹神

尊者在莫尼的華日寺休整時，因格西國王將休丹神作為護法的緣故，國境內時常出現一些不祥徵象。

國王派遣三位使者前來迎請尊者，他們將事情的前因後果一一向尊者稟報。尊者聽後回答說：「你們趕快回去準備，我隨後就到。」他們三人聽後，連忙晝夜兼程的往回趕。

這邊，尊者也開始吩咐沃熱：「備好兩匹馬、一頭白騾子，我們要出發了。」沃熱一一備齊後，他們於下

午出發了。

天很快黑了下來，四周一團漆黑，伸手不見五指。「你隨著我馬上的小鈴聲快點走。」尊者一邊囑咐，一邊迅速地往前趕。

沃熱馬不停蹄地緊緊跟隨，有時能聽見馬上的小鈴聲，有時夜風又傳來尊者吟唱道歌的聲音。濃密的黑暗擋住了視線，只有白騾子的臀部時隱時現。

他們越過了荒原、淌過了河流、攀過了崖壁，無數的深山大川都被他們拋在了後面。

沃熱的馬已顯得體力不支，緊追慢趕，來到了一片小草壩。

「卸下馬鞍和墊子，我們暫且在這裡休息吧！」聽到尊者的發話，疲憊不堪的沃熱如獲大赦，倒下去便沉沉入睡。

一覺睡到天亮，只聽尊者吩咐道：「裝好馬鞍和墊子，準備出發。」臨走之前，沃熱回顧來時的路，發現全部都是高山、峽谷、懸崖、密林等常人無法逾越的險地。他不由得倒抽一口涼氣。

不久，就來到一個集鎮，見到他們，所有的人都詫異地問道：「你們倆究竟是何許人？你們經過的那條路，即使是經驗豐富的獵人也無法涉足，你們居然能夠穿越這片禁地，真是不可思議。」

正當別人詢問之間，尊者的馬已英姿勃勃地穿過了

欽則益西多吉密傳

集鎮，沃熱的馬只能慢騰騰的往前趕。此時，沃熱的胃又不爭氣地痛起來，使他難以忍受。遠遠地看見尊者，卻望塵莫及。

一座輝煌的宮殿映入眼簾，尊者仍頭也不回地往前趕，沃熱竭盡全力，仍然追不上尊者，只有失魂落魄地走著。

在一條河邊的懸崖旁，尊者終於停了下來，拴好馬，然後大步流星地跨進懸崖裡的皇宮中。

一會兒，皇宮燃起了熊熊烈火。尊者一邊將一名老僧人拉出，一邊猛烈的捶打他。口中不時發出猛厲的「啪得」聲和「吽」聲，吆喝聲和笑聲也此起彼伏。

問訊而來的格西國王一見面就認出了尊者，祈求道：「裡面還有一隻上好的令箭，可否代為取出？」尊者聽後又衝進火海，毫髮無損地取出了燃燒的箭。

魔王被驅除了，他的老巢全部被火吞噬。

在河邊的懸崖旁牽著三頭牲口的沃熱同尊者一起被迎進格西國王的皇宮，在裡面過了六天帝王般的日子。

此時，前往迎請尊者的三位使者才馬不停蹄地趕回了自己的國土。

舉國上下都驚歎不已，連聲稱讚。

六四、害人者終害己

尊者一行前往綽斯加（現今四川黑水一帶），途經

格西國王所屬的苯波教的瓦羅寺，尊者等人在寺院附近的一塊空地上歇息。

黃昏來臨時，瓦羅寺的僧人開始發出惡咒，（詛咒的食子）落到了尊者的僧團中，頓時引起混亂。眷屬們都建議盡快離開，否則會大難臨頭，尊者卻不以為然。

在接下來的七天裡，尊者顯得無所事事，整日只知尋歡作樂。

第七天傍晚，詛咒的食子終於落回了瓦羅寺。

翌日，他們才從容不迫地離開。

六五、將魑魅魍魎趕盡殺絕

尊者去到加絨的綽切，當地有一處絕壁，時常有水鬼和岩魔興妖作怪，不少人都因此而喪身於山谷之中。

尊者一行趕到，得知妖魔為非作歹的行為，尊者忽然問道：「沃熱，如果你是英雄好漢的話，就把我和馬一起推入峽谷中的大渡河。」

「遵命！」沃熱一邊說著，一邊就將尊者和馬匹一起推進了大渡河。他伸長脖子往下觀看，尊者和馬匹已被滔滔江水捲走了。

此時的東雜沃熱心想：「大恩上師慈悲養育我，我今天卻恩將仇報將他害死，我還有何顏面活在世間。與其這樣苟且偷生，還不如死去的好。」然後，就毫不猶豫地沿著尊者墜下的地方跳入了深淵。

欽則益西多吉密傳

河中有一塊巨大的岩石，尊者的身體、甚至包括頭髮，都在上面留下了身影。尊者的坐騎也留下了腳印，沃熱的身影也十分清晰。

每到冬天來臨的時候，就能看見這些神蹟。一旦夏天河水暴漲，這一切就會被淹沒。

這就是尊者震懾水鬼和岩魔的精彩章節。

六六、萬不能有害人之心

尊者與眾眷菈臨葉闊，正碰見他那脾氣暴躁的舅舅正牽著一頭騾子迎面而來。

聶瓦魔王一直試圖加害於尊者，卻始終不能得逞，他為此耿耿於懷。見此機會，連忙騎在舅舅的馬上，企圖伺機作害。

尊者早已了知他的狼子野心，就向熱雜托美問道：「你是英雄嗎？」

「當然！」熱雜托美的回答鏗鏘有力。

「你是否力大無比？」

「那還用說？」

「那你是戰無不勝的了？」

弟子擲地有聲地回答：「對！」

「那你能用拳頭狠狠地揍舅舅的臉，並將他從馬上拉下來嗎？」

「能！」

「衝鋒吧！」

這邊，尊者又吩咐其他弟子：「舅舅摔下馬時，你們就大聲吆喝。」

熱雜托美一邊騎馬狂奔，一邊大聲吆喝，照著舅舅的耳邊打了三拳，又將他從馬上拉下來。眾眷們也吆喝助威，舅舅被打得六神無主、驚惶失措。

事後，聶瓦魔王降臨於其他人的身體時說道：「我一直想加害欽則仁波切，卻從未得手。一天，我好不容易與他舅舅並騎在馬上，卻來了一個模樣凶狠的黑人，手持鐵錘，長髮垂地。他對著我的臉頰猛烈地暴打，從此我的臉頰就落下了病根，連吃飯都不聽使喚了。」

六七、腔腸中駐留的下場

一天，聶瓦魔王搖身變為一根毫毛，鑽進食品中，企圖塞住尊者的咽喉。

尊者佯裝毫不知情，將魔王與食物一起吞進了肚裡。

魔王被迫在尊者的腔腸中駐留了永生難忘的三天，最後與大便一起排出體外，才得以重見天日。

聶瓦魔王降臨於其他人的身體時說道：「我在尊者暗無天日的肚腹中整整待了三年，蒙受了無量的寒熱之苦，尊者修習生起次第的天尊們毫不留情地降下兵器雨，逼得我哭天喊地，只得在眾尊前許下承諾。」

據說，從此以後，每當聶瓦魔王降臨於他人身體的時候，由於沾染了尊者的大便，一種臭不可聞的味道就會四處彌漫。

六八、收服山谷之主

尊者前往納占草地時，山谷之主多吉華炯妄想與尊者抗衡。

他施用法術降下了冰雹，企圖向尊者示威。不料霹靂之鐵水落在尊者身上，全部變成了各式各樣的標幟、佛像、經書和佛塔。掌管霹靂的龍在空中被降伏，地神與眾眷也都被定身術所收服。

他們在尊者前，由衷地作出從此以後與傷害他人的卑劣行徑一刀兩斷，盡心盡力護持佛法的承諾。

六九、五重宮的輝煌成就

尊者在莫尼農區的五重宮，取出了五部黃財神像，他埋葬了大量的珍寶和寶瓶以作為伏藏回酬。

地神向尊者供養了檀香心佛像。在舉行薈供、熏燒桑煙時，各類飛禽紛紛聚集。直至供養、懺悔、降伏三種完整儀式圓滿後，飛禽們才振翅飛往蒼穹。此時，繽紛的彩虹掛滿天空，祥瑞的花雨紛紛飄落，各種瑞相層出不窮，觀者無不愕然稱歎。

七十、背運的小草坪

尊者在莫尼農區時，有人以歹毒之心向尊者供養毒藥，尊者顯得十分開心地享用了。

正當施毒者自以為陰謀得逞時，卻被尊者強行帶往一小草坪，當著他將服下的毒藥全部嘔吐出來，嘔吐物溢滿整個小草壩，所有的草無一倖免，全部當場死光。施毒者悔恨不已，羞愧萬分地扭頭返回。

至今，這塊背運的小草坪仍然寸草不生。

以上第三十三到第七十個精彩故事，是我在欽則仁波切的親傳弟子前一再聽聞的。

七一、一碟舍利的悉地

尊者朝禮莫尼的噶謝寺時，向眾佛像一一敬贈妙衣，為覺沃和遺塔貼金，並在八思巴肉身像前舉行了盛大的薈供。其間，從遺體中獲得了滿滿一碟舍利的悉地。

七二、取出金剛亥母像

尊者在莫尼的金剛亥母山，為眾山神敬供桑煙後，取出了五指高的金剛亥母像的伏藏品。尊者為此向守護伏藏的護法敬獻神飲，並掩埋寶瓶作為伏藏回償。

眾神心滿意足，沒有從中作梗。

七三、尊者變成了黑熱嘎

尊者在莫尼的華熱寺為少數弟子賜授灌頂和傳承，敷演密乘勝法。在賜授秘密灌頂時，尼瑪沃熱等眾眷親見法座上的尊者變成了黃黑色的黑熱嘎。

大家的信心都因此而得以百倍增上。

七四、灌頂時的奇妙瑞相

一次，尊者應眾人之請在塔公為公眾灌頂。

在迎請聖尊時，灌頂的諸尊降臨，融入在場所有人的身體。有的人得以親見天尊金顏，有的人明見了自己的本心，有的人將上師見為天尊，各種神奇現象紛然呈現。

灌頂時，有的人開始手舞足蹈，有的人開始高唱道歌，奇妙景象，不一而足。

妙力灌頂時，十六位有緣的人得以證悟本心，並在上師前得到了印證。

七五、會飛的藥丸

尊者在莫哈金龍寺，按照蓮師儀軌，製作修行丸子。

在迎請諸尊時，一道五色的虹光融入藥丸。修行丸子明顯地增長，並開始升騰、飛翔。有的飛到了房頂，有的落在了房下，有的停留在牆中，並密密麻麻地撒滿了轉繞的路，奇妙的丸子俯拾即是、唾手可得，人人歡欣不已。

欽則益西多吉密傳

七六、薈供中的降伏儀式

一次，尊者在寺院舉行薈供。

當儀式進行到降伏程序時，哲在鎮魔孔前將金剛橛交給了尊者。

當誦咒勾招的魔眾開始融入之際，只見一股強勁的旋風捲起漫天塵埃般的細微粉末融入了鎮魔孔。尊者一邊念誦：「『誒』中無解脫。」一邊以五手印降伏。

當誦到「無生怒尊請享用」時，鎮魔孔中閃出一道光芒，融入了尊者心間。

七七、自行燃燒的朵馬

尊者一行在納占小住時，到瓦岡山下的瓦些三部落作大黑熱嘎的朵馬和回遮（驅魔和禳災兩種儀式）。

開始放咒時，擔任卻本的東雜沃熱手拿真言芥子，並用力拋撒，真言芥子頓時猛烈燃燒起來。

放咒除祟時，在熊熊烈焰中充作魔像的朵馬也開始自行燃燒，終致土崩瓦解。

七八、取回蓮師頭髮

在西哲山谷熏燒桑煙時，尊者對扎巴森單多吉說：「你到神山裡去轉悠轉悠，欣賞欣賞。」

森單多吉奉命進入神山。不一會兒，他看見在一懸崖前，一位身穿白衣，珠佩環釧應有盡有、無一缺漏的

妙齡女子向他招手示意。待他上前，將一包五色錦緞包裹的東西交與他後，頃刻融進崖壁，無影無蹤。

回到尊者前，尊者料事如神地說道：「把你帶給我的禮物交給我吧！」

森單多吉連忙遞與尊者，尊者打開一看，裡面裝著蘭紙包裹的一綹黑油油的頭髮。

這就是取出蓮師頭髮伏藏的奇妙經歷。

七九、可以複製的肉

無論是國王、大臣或平民百姓，一旦在尊者前尋求庇護，時常將屠殺的眾生肉，包括五臟六腑一起整塊放在大盤中敬供尊者。

尊者往往一邊念經加持，一邊用銳利的刀子割下大量肉塊。令人驚訝的是，尊者最後卻能將完好無損的肉體放到另一個盤裡，然後享用剛才切割下來的部分，並將肉放在外面作供施。天空中鷹鷲等各類飛禽也紛至沓來，盡情啖食完畢，才心滿意足地各奔前程。

這類奇事時有發生，大家都習慣成自然。

八十、重返輪迴的竅訣我還沒有掌握

尊者在果洛居住時。一天，他騎著犛牛外出。

兩位牧童遠遠地見尊者優哉樂哉地過來，其中一人自以為是地對夥伴說：「據說這位上師能讓生者變死，

250

死者復生，不知此話虛實如何。今天你來裝死，我去央求上師，看他究竟有何本領。」

然後，他們就分頭開始行動。

尊者按要求超度完畢，跨上犛牛晃悠悠地離去。牧童送完尊者回來，發現夥伴早已離開了人世。

牧童連忙追到上師面前，氣咻咻地將事情原委一一道來，祈求尊者能網開一面讓同伴復活。

尊者胸有成竹地回答說：「你不是說他已經死了嗎？我已將他超度至不退轉果位，從不退轉果位重返輪迴的竅訣我還沒有掌握。」聽完尊者的話，牧童呆呆地站在原處，哭笑不得。

據說，那位死去的牧童一直沒有復活。

八一、震懾鬼魅的計謀

無論尊者去往何方，一旦有人妖魔附體、厲鬼加害或重病纏身時，尊者或用刀子刺入身體，殺死後令之復活，或拳打腳舞，賜授唾液、加持等希奇古怪的方式制伏和攝受。

此等精彩故事浩如煙海，實在無法一一羅列。

八二、與女媧背道而馳

因為尊者是智悲光尊者的化身，德格國王曾將他奉為國師，對他推崇倍至。

欽則益西多吉密傳

後來，因尊者作了一些不合常規，變化莫測的成就行為的緣故，國王和民眾都難以理解，產生了一些分別念，所以一直未迎請尊者前往當地。

當尊者在加絨十八國、果洛、蒙古等地降伏和攝受的種種顯示成就神變的奇異故事婦孺皆知、家喻戶曉時，德格國王才如夢初醒，恢復信心，緊鑼密鼓地準備迎請尊者，但遭到了婉拒。

德格國王給尊者去信也石沉大海，委派大量差役前往，也無濟於事。

德格國王惱羞成怒，寫信威脅說：「你最好俯首聽命，否則我就要動用武力了。」尊者仍然不加理睬。

德格國王又去信說：「我的寶箱中有大量的珍貴加持品，您要不要來見識見識？」尊者仍然穩如泰山。

德格國王黔驢技窮，只得求助於多哲仁波切，聽他把前因後果講完，仁波切說：「欽則活佛在因時顯示的成就行為的確是匪夷所思、超乎尋常。如果不採用強硬手段，而是懷著信心以恭敬的方式迎請，他應該會來。」

國王立即按吩咐施行。一日，尊者終於以差役的行頭裝飾來至國王身前。為國王灌頂並作長久住世偈文，然後說道：「你以前將我視為國師不合情理，我徒有欽則活佛的虛名，現已還俗，成為罪業深重的屠夫種姓，不配擔當法王您的國師，只配做一名差役。」說著，就

欽則益西多吉密傳

模仿差役的行為跨馬、背槍、撩起衣服、別著長刀，在樂達寺後面一個必須弓腰才能進入的小門反覆進出。

國王大臣等眾眷雖然很有信心，卻不便效仿，以免有失身分。

當時德格境內正遭受嚴重乾旱，莊稼和牧草全都乾萎枯黃。他們曾向噶托和佐欽的僧眾祈求蔭庇，但未見收效。兩寺的上師異口同聲地向他們力薦：「看來只有多欽則上師（尊者）親自出馬，才能護佑你們了。」

國王就此向尊者求助，尊者說：「只有給天空穿孔，否則無濟於事。你們趕快去準備穿孔的一些鐵釘和一把鐵錘。」他們連夜趕製，很快將一切物品備齊敬呈尊者。

那天，尊者如前一般作差役裝束，他脫下上衣，右手執錘，左手拿釘。在德格宮殿四方，以鐵釘擺在鐵釘上面，然後用鐵錘猛厲敲打。

空中傳來各種轟鳴，尊者已是大汗淋漓。過了很長時間，一陣震天動地的巨響震撼了人們的耳膜。大家往上一看，蔚藍的天空上開了一個天窗一般的孔，煙霧般的雲從孔中湧出，溢滿整個天空。暴雨傾盆而下，灑滿了境內龜裂的大地。

有一個地方因為洪水過猛，幾近淹沒，連忙向尊者告急。尊者告訴他們：「你們在具加持力的唐東傑波像前供養，並念誦濁世救怖祈禱偈，就會得到庇護。」他

欽則益西多吉密傳

253

們不由分說，連忙照辦。

洪災消除，危難平息，當地又開始風調雨順。種子發芽，草木返青，大地呈現出一派欣欣向榮的繁茂景象。

八三、改穿伏藏師裝束

竹欽的莫傑南夸多吉與噶托的給則瑪哈班智達等人都眾口一詞地議論道，欽則上師著差役裝束實在不合常理，並將想法告知了德格國王。

國王向尊者商量道：「如果您今後不穿差役裝而改穿伏藏師裝束，我一定對您言聽計從。」

「那我可以離開這裡嗎？」

「您可以隨心所欲。」國王無可奈何地回答。

從此，尊者就穿著伏藏師裝束遊歷四方。以種種成就神變調服、護佑的民眾無所不在，過著閒雲野鶴般的自在生涯。

八四、修寶瓶等儀軌時的常事

無論是寺院、國王、大臣還是庶民百姓，在迎請尊者修寶瓶儀軌等時，時常見到如此情形。

尊者自心間化出各種幻象迎接剛噶熱等尊眾，天尊以各種飄逸舞姿紛紛降臨。

在將遊方、漂泊的鬼神驅逐、遣送後，將剩下的鬼

神以神力暫時關押起來以示警告，然後才將它們釋放。

此時，四面八方的鷹鷲等眾多飛禽齊集，將薈供餘品享用完畢後，滿心歡喜地分飛而去。

八五、為萬人灌頂的瑞相

尊者應徹傑國王之邀，為一萬人賜授灌頂。

在灌頂過程中，僅僅用了滿滿一寶瓶水作為灌頂水就已經綽綽有餘。空中一直彌漫著撲鼻的芬芳，人們的身體獲得暖樂熾盛的感覺。

當晚，很多人的夢中出現了各種吉祥徵兆，所有的痼疾都消失無餘，各種瑞相紛紛出現，人們都感到十分稀罕。

八六、觀音像前獲得的悉地

尊者在金川的觀音像前作十萬薈供，並熏燒桑煙。此時，自佛像的身體開始降下甘露，一共獲得了滿滿一托巴甘露的悉地

八七、全是因為對上師的恭敬

烏金南加和霍喇嘛丹增正在尊者身前全神貫注地寫字，尊者則專注地仰望虛空：「你們快看！」循著尊者所指的方向，只見前面虛空中白色明點的光芒耀眼奪目，簇擁著哥塘喇嘛日比益西多吉的弟子索南加措。他

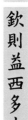

欽則益西多吉密傳

一邊向尊者撒鮮花，一邊前往銅色吉祥山。

尊者若有所思地說道：「他是大字不識一斗的文盲，之所以能趣往剎土，全是因為對上師的恭敬心所致啊！」

八八、覺沃親自賜名

尊者前往拉薩，為大小昭寺的兩大佛像、羅哥學熱（觀音像）和讓雄阿丹為主的佛像貼金。

在薈供時，覺沃開口為尊者賜名「紅阿雜亞」。

則熱桑耶巴和徹欽讚歎道：「他真是一位了不起的大德，曾經桑耶巴智悲光尊者在覺沃前頂禮，覺沃開口微笑並賜名『欽則拉』。自法王松贊干布至今，雖然多次出現覺沃開口為有緣的信眾說話的奇觀，但有幸得到賜名的，除他們兩人以外，實在是前所未聞。」

八九、懸崖下留下的清晰身影

站在噶公拉的百層懸崖前，尊者毋庸置疑地說道：「沃熱，把我扔出去！」

「遵命！」沃熱一邊扔出尊者，自己也不假思索地跳了下去。

尊者在懸崖下包括隨身的刀子都留下了清晰的身影。正當沃熱即將墜於尊者身上時，尊者往旁邊一閃，沃熱也留下了同樣清晰身影。

九十、著曜的放馬老人

可憐的放馬老人四處尋找丟失的馬匹，鍥而不捨地找了很多次，結果卻一無所得。

他六神無主地找到尊者，將情況向尊者講述。尊者勃然大怒，將頭髮往後一甩，正好擊中曜王像，並且罵道：「笨蛋！你著曜了！」

三種因緣聚合，放馬老人頓時著曜昏厥，經尊者禳解病魔加持後，才恢復了知覺。

九一、嚴守淨戒的沙彌

尊者一次在葉闊為公眾灌頂，在熙熙攘攘的人群中有一位臉龐俏麗、身姿娉婷、穿著打扮雍容華貴的妖艷女子格外引人注目。

尊者把她叫到身旁，並且要求她在灌頂完畢之後留下來。

當地寺院有一位嚴格恭守清淨戒律的沙彌，向來自以為是，時常對別人的見解和行為吹毛求疵、橫加指責，十分驕慢與狂妄。

人們散去以後，尊者將他叫到跟前，不容商量地說：「你今天必須和這位女子在我帳篷外的支撐繩索處作不淨行。不作不行！」

但無論尊者如何再三要求，沙彌堅決不從。尊者顯

出十分掃興的樣子，轉身對沃熱說：「你慎重地給下面的女人一些食物和財物，然後打發她回家。」沃熱一一照辦。

此時的沙彌不要說走，即使動也不敢動。戰戰兢兢地在尊者身前坐了很長時間。

忽然，有四位僧人被降身，他們不由分說，抬著沙彌的四肢，去到剛才的女子身前，再次要求他作不淨行，沙彌仍然沒有屈從。被降身的四位僧人怒火沖天，劈頭蓋臉地向他打去，他一下子咽了氣。

此時，降身的天尊也自行消失，四位僧人悵然若失地回到廚房。

傍晚，四位僧人又被降身，他們從未作收攝次第的壇城中取出彩箭，圍著屍體右繞，並整齊地吟唱著前所未聞、音調悠揚婉轉的攝壽偈。

過了一會兒，沙彌的四肢頂端開始逐漸顫動，他復活了。

四位僧人將箭放回壇城中後，天尊又悄然離去。

九二、為屙哲治病

一天，屙哲感到上身疼痛，十分不適。尊者得知此情後，就開始和屙哲、沃熱一起作「自作自解脫」的薈供。

薈供時，一向老成的沃熱荒唐到連供養、懺悔、降伏三個儀軌都沒進行。享用薈供品時，尊者接過獻給他

的滿滿一托巴酒，一飲而盡。沃熱也不顧體面，狼吞虎嚥地吃著薈供品。

看到他們希奇古怪的行為，局哲忍俊不禁，接連不斷地「哈哈」大笑。尊者三次要求局哲停下來，但局哲仍抑制不住。

尊者怒不可遏，從刀鞘中抽出刀子，照著局哲的身體迅捷地劈了下去，身體霎時被劈成了兩半，局哲絕悶而去。

約莫一頓飯工夫，尊者將分開的兩半身體又精心地合併在一起。念經加持後，傷殘的身體癒合了，局哲又恢復了知覺。

他欣喜地發現，先前困擾他的疼痛不翼而飛，身體樂暖熾盛，大樂無比。

九三、賜給木匠夫婦子嗣

在葉闊的寺院附近，有一對漢族木匠夫婦，對尊者尤其敬仰，時常殷勤地到尊者處幹一些草木活計。

這對急於傳宗接代的夫婦一直苦於膝下無子，故特意央求尊者，希望能解決無後之患。

「你今晚將你的女人用柏煙熏淨，將我的腰帶拿去，放在她的身上。然後，你們夫妻兩人盡力祈禱蓮師，就會有一個寶貝兒子降生的。」

夫妻二人連連應諾，回家遵旨而行。

欽則益西多吉密傳

翌日清晨，二人奉還腰帶時，尊者胸有成竹地說道：「你們將來的兒子，是加龍熱龍巴的化身，是一位伏藏師。」二人聽後，不禁喜笑滿腮。

第二天，尊者一行就離開了。

九四、遊歷龍宮

尊者與眾眷在榮美哲瑪時，一天，尊者俯在屙哲耳邊，神秘地說：「我們兩人出去溜達溜達。」

一會兒，兩人來到一片令人賞心悅目的草原，明豔嬌媚的鮮花肆意盛開，碩果累累的茂樹布滿果園，澄冽清澈的湖泊湛然如鏡，引吭高歌的燕鶯比翼齊飛，如娟似錦的雲霧環繞其間，如詩如畫的美景看得屙哲心曠神怡。

不久，他們就來至一幢由珍寶組成的雄偉宮殿前，尊者對屙哲說：「你就待在這裡，哪裡也不要去。」然後就被許多裝飾華麗的人簇擁而去。

過了很長時間，尊者被護送回來，對如墜雲端的屙哲說「回去吧！」

屙哲跟隨著尊者，一步一回頭，戀戀不捨地往回走，下去一段路後，先前的美麗景色瞬間消失無蹤了。

屙哲好奇地詢問尊者：「我們師徒二人去的地方究竟是哪裡？」

「那就是大名鼎鼎的龍宮，你可要嚴守秘密，對誰

欽則益西多吉密傳

也不能洩露。」

九五、將妖魔吞進肚裡

尊者一行在葉塘首府為國王舉行各類佛事活動。

在修大黑熱嘎降伏儀軌，制伏充當魔像的朵馬時，法主日比益西取過朵馬，放進嘴裡，大肆咀嚼，殷紅的鮮血順著嘴角兩邊淌了下來。

見此情形，尊者立即宣布：「修法成功，可以打道回府了！」

九六、熱雜托美去往淨剎

尊者師徒在康定金剛寺時，心子熱雜托美在圓寂前，示現了各種令人不可理喻的癲狂狀態。

尊者告訴別人：「唉，無論成就與否，所有的人在臨終前都會害怕的。你們回去告訴他，就說你馬上就會死去，你要竭盡全力祈禱上師，將心安住。」大家依照他的旨意告訴了熱雜托美。

過了很長時間，熱雜托美終於圓寂。

尊者說：「熱雜托美活著時瘋瘋癲癲，死後也癲癲狂狂。這次，終於依靠我的能力令他去往銅色吉祥山。」

九七、大刀向病魔的頭上砍去

尊者一次在道孚的加帕寺為公眾灌頂時，狂放地喝

欽則益西多吉密傳

下了大量的酒。在遣除魔障時，從刀鞘中取出鋒利的刀子，用刀刃、刀背和刀面在人群中任意砍打，大家都驚惶地四處躲閃。事後大家發現，參加灌頂的大多數人都從病魔的纏繞中解脫出來。

九八、狗屍維繫生命

尊者在寺院時，曾去往一荒無人煙的寂靜處，在長達三個月的時間裡，僅僅以一具狗的屍體維繫生命。修行取得了明顯的成就，風心獲得了自在。

九九、策馬於曲折的山洞中

尊者一次在加絨綽切開啟神山之門。開啟的山門極小，若以油燈和火炬照明，在曲折蜿蜒，時而開闊、時而狹窄，地勢凹凸不平的山洞艱難地跋涉，仍需要很長時間才能抵達山頂。

尊者騎著馬從小門進入了山洞，只聽得洞中傳出一陣陣如履平地一般清脆而迅速的馬蹄聲響，從洞口一直延續到山頂。

而且，在通往山頂的洞中留下了清晰的馬蹄印，至今仍為人們所見。

事後，尊者在山中的一個岩穴裡，粒米未進，進行了為期七天的閉關。

一零零、與格薩爾王融為一體

在格薩爾王曾經居住過的聖地，尊者跨著白唇棗紅馬，格薩爾王也駕御著紅色的天驥前來與尊者會晤，最後，格薩爾王幻化融入尊者身體。

尊者上去後，一位美貌絕倫、裝飾惹眼的少女，接過尊者的韁繩，將尊者請了進去。

裡面傳出一陣大狗狂吠不已的聲音，持續了很長時間，尊者才騎馬回轉。

（藏文中該篇情節不明，大家可斟酌。）

一零一、如同氆氌一般的小刀

尊者在青海湖心瑪哈得瓦居住，索波在一旁擠山羊奶，淘氣的小山羊不停地在尊者身上蹦來蹦去。

尊者艴然失色，抽出小刀，刺向羊羔。小羊被嚇得驚惶失措，咩咩亂叫。

正當危急關頭，只見小刀如同氆氌一般地卷了起來。

一零二、給紫瑪護法神帶信

一天，弟子熱雜托美向尊者請示：「我準備到印度、尼泊爾以下等地去待凶地（修行人在規定時間內，住於尸陀林等凶險地方，以驗證自己的修行境界是否穩固），希望您能准假。」

欽則益西多吉密傳

「你這個百無聊賴的人，恐怕在凶地待不住吧！」尊者面帶睥睨地說。

「我一定會待下去的！」熱雜托美的回答斬釘截鐵。

「既然如此，那我給紫瑪護法神寫封信，你下來後去到桑耶。若等三年是你活該，若等一個月算你走運。不僅要親自將信交給紫瑪護法神，還要將這根護身結親手帶在他的脖子上，如果請人代勞則不太合情合理。」

「遵命！」

熱雜托美向尊者告辭後，前往印度、尼泊爾境內的各大凶地，勇猛精進地修持。

返程時去到桑耶白哈王府庫。幸運的是，僅僅等候了半個月，就有一群拉薩的貴族蒞臨，在白哈王府庫迎請紫瑪護法神降臨。

事先，熱雜托美前去觀察，見紫瑪護法神被眾貴族與高僧大德環繞，凶神惡煞一般面露凶光，令人不敢向邇。

熱雜托美六神無主地站在人群的外圍，因害怕而渾身戰慄。正當無計可施之際，腦海中浮現出尊者說「你恐怕在凶地待不住吧！」的樣子，立即信心大增。

他將信件和護身結放在懷裡，高呼三聲尊者的名號，安住於降伏等持，吹了三遍脛骨號角，便揚鞭急馳於人群中自然閃開的一條道路，貴族們也恭敬地紛紛退讓。

熱雜托美此時已毫無畏懼，紫瑪護法神也收斂起凶

欽則益西多吉密傳

264

惡殘暴的模樣，安詳地端坐於法座。熱雜托美鼓足勇氣說道：「這是欽則上師給您的信，他說要您回函。這根護身結也要我親自給您帶在頸上。」紫瑪護法神聽完熱雜托美的陳詞，低下頭讓熱雜托美帶上了護身結。看完信後，修書一封交與熱雜托美帶回。

熱雜托美心高氣滿地回到了寓所，寓所裡的人都傾巢出動，尚未回來。過了一會兒，大家回來了，由於目睹了他的英勇行為，都對他格外欽佩，恭敬承事更不同於以往。

貴族們也供養他大量布匹、財物，他在佛像前供養後，回到了尊者身前，神氣活現地說：「你給紫瑪護法神的信我已呈交與他，這是他的回信。」說著就將信呈與尊者，「您說我在凶地待不住，但從頭至尾沒有一絲待不住的跡象出現。」

尊者揶揄地說：「哎！別吹牛了！你見到紫瑪護法神的緊要關頭為何要呼喚我呢？若不是我暗中鼎力相助，你以為你能大功告成嗎？」

一零三、去不去蓮師剎土

尊者在塔公的覺沃前薈供，對弟子阿左熱說：「你是去銅色吉祥山，還是待在這裡呢？」阿左熱謙卑地說：「這一切全由上師您做主了。」

尊者入定一會兒後說：「你還是暫且不去為宜，在

這裡住三年，精進地念一億遍蓮師心咒吧。」

一零四、整治監獄

尊者在康定居住時，加拉國王的監獄陰暗異常，沒有一絲光線。成群的老鼠時常噬咬犯人的耳朵等器官，大家苦不堪言。

國王得知此事，令人在監獄鑿出窗牖，送進一縷陽光，並就鼠害之患求助於尊者。

尊者拋撒青稞敬神後，終於降伏了惡劣成性的老鼠，讓牠們遷單外逃。

國王說：「監獄中不應為非作歹，不知您有何高招？」

尊者於是派了一個獨腳鬼把守城中的監獄，保證監獄平安無事。

一零五、傲睨萬物的僧人

尊者一次前往亞嘎，眾僧徒正偷閒互相玩耍嬉戲時，一位僧人忽然說：「我還是死吧！」說著，就不斷做出三種坐勢、三種看勢，並不住地問：「這樣好嗎？」「這樣怎麼樣？」大家都說：「不好。」

最後，他身體呈毗盧七法而坐，問道：「這樣死怎麼樣？」大家一致稱讚：「這樣死很好！」。誰知他猛喝一聲「啪得」，就斷了氣。

欽則益西多吉密傳

在座諸眾看到眼前的情景，一個個都誠惶誠恐、五內如焚。一時不敢向尊者稟報，情知隱瞞不住，將實情告知尊者時，尊者竟置若罔聞，再三請示，仍無動於衷。

過了很長時間，尊者才說了句：「我們去吧！」來到屍體旁邊，指著屍體破口大罵：「你活著時傲睨萬物，死的時候也目空一切。你作出起屍的模樣嚇唬誰？」說著就將拳頭狠狠地揮在屍體的臉頰上，同時猛厲地發出一聲「啪得」，屍體頹然倒地。

「明天你們將屍體焚燒了！」尊者冷若冰霜地說完這句話，就轉身離去了。

大家都深感詫異，在一般情況下，若有僧眷死去，會為他念往生法、《解脫引導文》，持續四十九天念經。今天尊者對任何人連念誦一句觀音心咒的囑咐也沒有。

一零六、治療王妃的恐慌症

尊者在加拉國居住時，對弟子熱雜托美說：「你去把加拉國王妃阿貝帶走，從加東橋上扔進河裡。」

「遵命！」熱雜托美接到命令，迅速將沉睡的王妃從寢宮裡帶出，從加東橋上扔進了河裡。

令人難以置信的是，王妃不但沒出意外，連一滴水也沒沾，就平安地回到了岸邊，餘悸猶存地說：「我一輩子也沒有遇到過如此令人驚心動魄的事。」

王妃以前一直被恐慌症所困，作了大量佛事也不奏效，尊者有時以痛斥的方法，有時以暴打的手段加持，也只能維持幾個月的好轉。自從尊者令人作出此舉後，王妃的恐慌症居然痊癒了。

一零七、我可不是凡夫

尊者與加拉國王、王妃和太子一行前往瓦勒首府，國王供養了尊者大量的達切酒。

一到瓦勒，尊者就吩咐侍者：「給我拿達切酒來！」就這樣一再索要，很快就將酒洗劫一空。

當他再次無有饜足地命令：「再拿酒來！」時，侍者無計可施，只得求助於國王。國王大驚失色：「你們可壞事了，一下子喝這麼多達切酒身體會燒壞的，我去勸勸他！」

聽了國王的勸告，尊者不以為然：「唉，你把我當成一般的凡夫了，如果我連這點能力都沒有，豈不成了酒囊飯袋？」他一邊說著，一邊將酒力未失的瓊漿從十指尖降下，房中頓時酒香撲鼻，醉人的芬芳甚至溢滿了整個首府。

國王、大臣們都紛紛傳揚，以此為奇談。

一零八、賜予加拉國王子嗣

加拉國王先後娶了兩位王妃，卻一直無有子嗣，國

欽則益西多吉密傳

王因此而求助於尊者。

在緣起成熟的一個吉日良辰，尊者將國王、兩個王妃、大臣和侍者們都召集起來，對一名弟子說：「國王的兩位王妃都無有子嗣，今天你與王妃卓瑪交合。」

大弟子按旨行事後，令緣起十分吉祥。尊者在一根哈達上打了七個結，帶在了王妃阿加卓瑪的脖子上。授記道：「金剛手化身的國王與度母化身的王妃會生四個兒子、三個女兒，一共七個後代。」

事情後來發生的結果果然如尊者授記一般。

一零九、持光明心滴法的居士

尊者在阿特拉噶家時，阿特空行母有兩個兒子，對尊者殷勤地供養承事後，希望尊者能賜予授記。

尊者授記道：「你們如果能無偏地成為各宗派的施主，對今後會有無窮的利益。看來我們這次相聚，一開始就有很好的緣起，你們家族全部會依次成為執持光明心滴法門傳承的居士和持明者。尤其是如果你們供養我一件質量上乘的豹皮大氅，將會有深遠的意義。」

正如尊者所說，空行母的兒子達闊又名亞闊從此趨入了光明心滴法門，觀想和修持全部依照光明心滴派的傳承。表面上是合格的在家居士，實際上卻是大持明者。對菩薩的廣大行為具有無比信心，公認的大德們都交口稱讚他為：「顯現為人形的菩薩！」他的子孫們也

欽則益西多吉密傳

都像他一般爭氣。這一切都是尊者的加持力所致。

如果該家族某一代不當居士，而選擇出家的道路，該殊勝種姓的緣起就會阻斷。

值得一提的是，如果當時能供養豹皮大氅的話，該家族無論世出世間都會獲得無與倫比的財力和名聲。因為此事未遂，所以稍有遺憾。

這個故事是我從持明者居士以及其他人口中聽到的。

一一零、取出文殊寶劍

在一個緣起吉祥的日子，位於果洛的寧波葉則山的諸神，應尊者之邀翩然降臨。

尊者當場取出了白銅質的文殊菩薩智慧寶劍伏藏。

一一一、鎮服魔女

尊者一次前往夏忠山上自然顯現六字真言的觀音菩薩聖地，途經結則果。

當地有一位驕淫的魔女山神，向來桀驁不馴，此次又欲乘機挑釁。

尊者到達山頂後，將一塊前腿肉壓在山頂上，然後在上面砌桑煙台作輪涅供養。

魔女不甘就屈，當晚變為一隻狼，將尊者的一頭騾子撕咬致死。

欽則益西多吉密傳

尊者以戒禁行猛厲勾招降服，魔女終於繳械投降，俯首稱臣，答應擔當當地的護法。

尊者授記結則果將來會有一座寺院出現，果然，事後當地出現了一座雄偉的大寺院，佛法依此而得以在當地興盛起來。

一一二、制伏非人

尊者前往德格，下來時途經霍閻拉噶岡，在達吉寺的下面有一座黑山，山中有一個性情惡劣、勢力強大的非人。

以前薩迦祖師等大德途經此地時，非人一隻腳放在河對岸的山頂上，一隻腳踏在自己下屬領地的山頂上，大德們勢必從自己的胯下經過。

非人得知尊者將要經過的消息，又如前一般妄想侮辱尊者。尊者早已得知他的伎倆，一邊策馬飛馳，一邊舉起火槍瞄準射擊。

非人被突如其來的襲擊嚇得魂飛魄散，只有逃之夭夭。

尊者又往黑山上非人的老巢連連開火，將他長期盤踞的地方摧毀無餘，非人再也不敢回來了。

一一三、在懸崖上策馬狂奔

尊者去往寧波葉則湖邊的塔噶葉磐石山，山後是陡峭的紅色懸崖，巉岩矗立，岧嶢入雲，地勢極其險要，

271

飛禽也難以駐足。

尊者居然從山頂上跨著駿馬，沿著峭壁揚鞭急馳而下，在場的人都大聲驚呼，頗感稀有。

一一四、復活的旱獺

在一個祥瑞之日，尊者去往溫泉，當眾將一隻旱獺殺死，並剝下了獺皮。

尊者與眾眷們一起將血肉享用完畢後，將吃剩的骨頭包在獺皮裡，然後用手撫摩加持，旱獺又如先前一般活蹦亂跳地回到山上去了。

弟子和眷屬們都親眼看見，將之視為奇聞，四處傳播。

一一五、熏煙觀察緣起

這一天恰逢吉日，尊者一行去到葉則山的塔噶葉磐石。磐石旁邊有一泓碧藍的湖泊，清澈浩淼，令人心醉。

尊者、多竹欽彭措炯列與華智仁波切三人一起熏燒桑煙觀察緣起。

尊者首先在湖邊點起了桑煙，然後多竹欽仁波切的桑煙也裊裊升起，最後，華智仁波切的桑煙才徐徐上升。

華智仁波切說道：「從欽則仁波切製造的緣起來

欽則益西多吉密傳

看，欽則仁波切首先趨往清淨剎土，彭措炯列跟隨其後，我雖然十分想死，但依照緣起，只能走在最後。今天我們三人能在同一個桑煙台上熏煙，以此緣起推測，來世我們三人將投生為同一父母的三個兒子。」

一一六、母羊逃離惡趣

又是一個吉慶之日，尊者在僧眾之中宰殺了一隻母羊，將骨肉與五臟六腑一起烹煮。

彭措炯列與華智仁波切恰好一起趕到，連血肉帶內臟通通啖食精光。

華智仁波切頗有感觸地說：「這隻母羊以牠身體之肉獲得了很大的利益，以大持明者無餘享用其血肉的因緣，牠將從茫茫無盡的惡趣中奇蹟般地解脫出來。」

以上四個故事，是我從葉則神山旁的僧人華稱口中聽聞的。

一一七、旱獺復活記

尊者一行前往石渠，途中停下來燒茶吃飯。

一隻旱獺不速而至，尊者一把抓過來，將其攔腰截斷殺死，分離的上下半身被放在爐灶旁。

飯後，尊者又將分開的上下半身合併在一起，加持後用鞭子抽打，旱獺開始低聲鳴叫，乘人不備一溜煙跑開了。

欽則益西多吉密傳

一一八、這就是降身

尊者一行前往石渠一戶殷實的牧民家中禱祀。其間，一位僧人情不自禁地問道：「降身究竟是怎麼一回事啊？」

「啊？」尊者假裝糊塗，沒有予以回答。

僧人又再三詢問，尊者還是置之不理。

當護法儀軌進行到迎請紫瑪護法的程序時，尊者將一條哈達拋在了僧人身上，紫瑪護法立即降身於他的身體。

只見他用右手從刀鞘中取出長刀，刀的頂端立即像卷氈毯一樣卷至刀柄，然後又鬆開挺直如初。並且從大帳篷的上面鬼使神差般地往下蹦跳。

一會兒，護法走了，僧人又恢復了常態。尊者詭秘地對他說：「降身就是這樣，夠稀奇吧？」

一一九、從崖上飄然而降

尊者住在加莫絨時，一天忽然來了興致，高聲倡議道：「我們出去逛逛吧！」說著，就往山岡上走去。

一堵懸崖巍然聳立在他們面前，山勢崴嵬崚嶒，令人倒吸一口涼氣。

尊者若無其事地說道：「我們所有的人都從崖頂跳下去吧！」說著就縱入了山澗。

他的髮絲如同旗幡一般迎著柔風飛舞搖曳，身體飄飄蕩蕩，最後安然降落於山澗。

欽則益西多吉密傳

弟子們也模仿著從崖上飄然而降，最後都安全著陸，無一意外發生。

一二零、隱姓埋名，四處雲遊

依照空行母的授記，尊者持禁行的時機已經成熟。他離開寺院，出任德格國王的國師，經開許去到多竹欽仁波切居住的亞龍白瑪郭。

他接受別人的規勸，開始身著瑜伽師所穿的白衣。帶領若雜華給、果謝節美等僧人準備浪跡天涯，四處雲遊。多竹欽仁波切趕到寺院附近的草壩送別，兩人惺惺相惜，臨別時難免一番唏噓，良久才依依惜別。

臨別，竹欽仁波切殷殷地囑咐：「你一定要回過頭來瞭望我三遍。」然後才神色落寞地往回走。

等到尊者走了一段距離轉身回顧時，竹欽仁波切已杳無蹤影。據說，這一次相送竟是永別，兩位成就者再也沒有見過面。

尊者對隨從們說道：「我希望獨自漂泊，你們就不用跟來了。」

「我們一定要跟隨您，請不要讓我們回去！」眷屬們都死皮賴臉地央告道。

「既然這樣，你們就不許向別人透露我是欽則，以後由果謝節美充當我們中的上師，在僧眾中排名首位，若有什麼問題需要回答別人，一律由他發言。我以後就

欽則益西多吉密傳

275

叫笨塔，排在僧眾的末位，向別人介紹，就說我是目不
識丁的愚笨之徒。若有人問我們來自何處，就告訴他我
們從達波谷來。要問我們學的什麼宗派，就說我們是噶
舉派。」大家無可奈何，只有連連稱諾。

一行人就這樣開始了逍遙自在的遊歷生涯。跨越了
千嶺萬壑，歷經了千難萬險，很多妙趣橫生的故事也在
其間發生。

一次，在拉卜楞寺附近，他們遇到了嘉木樣夏巴的
轉世晉美加措，他們詢問活佛身邊的侍從能否求得摸
頂，被嚴詞拒絕。沒想晉美加措卻勒住韁繩停在了他們
跟前，詢問道：「你們是什麼人？」

「我們是從達波谷來的。」

「學的什麼宗派？」

「噶舉派。」

「很好！原來是從我兒時的那位喋喋不休的上師索
南丹增那裡來。聽說你們噶舉派有一種修行就是在耳邊
打鼓都渾然不覺，我倒想見識一番。」

因為他將華給索南堅燦稱為「喋喋不休的上師」，
令他們十分不快。所以漠然地回答說：「修這種法的人
不能稱之為修行人。」

「那算什麼？」

「屍體！」一行人忿忿然地回答完，就與他們不歡
而散、分道揚鑣。

欽則益西多吉密傳

他們在拉卜楞寺旁邊用餐時，尊者吩咐道：「見到貢唐堅波揚我們應當向他求法。」

一會兒，一位身材魁梧、裝扮威武、手持一根棍棒的格西正在轉繞寺院，見到他們問道：「你們是什麼人？」

「我們是從達波來的，希望拜見貢唐堅波揚仁波切並向他求法。不知能否如願以償？」

「應該沒問題，等會兒你們可以一路向人打聽貢唐蒼寢室的方位前往。」說完就徑直離開了。

他們一路慢慢詢問，最後來到一座雄偉莊嚴的宮殿前面，別人告訴他們：「這就是貢唐蒼的住處。」他們連忙進去，幾位僧人顯然早已在等候，見到他們問道：「就是你們說要謁見貢唐堅波揚仁波切嗎？」

「是的。」

「請進吧！包袱放在外面。」

一行人按吩咐進去了，到了第三層，只見剛才見過的喇嘛端坐於法座上。在房間內一塊長墊的上方也安了一個法座，喇嘛（貢唐蒼）說道：「就請你們中的尊長坐在法座上，其餘的按座次排列就座吧。」

聽完他的安排，果謝節美坐在了法座上，其餘的也按座次入座，「笨塔」排在了最後。

等他們將米和茶供養完畢後，貢唐仁波切問道：「你們排隊的順序是否顛倒了？」

欽則益西多吉密傳

節美不容置疑地說：「沒有。」

「最好不要顛倒。我們格魯派的法要精藏是《三主要道論》，我可以為你們作廣講。你們一切法的基礎、加持和悉地的根源就是上師瑜伽，我希望處於你們末座的笨塔為我傳《七品蓮師頌》。」

節美連忙打圓場說：「笨塔是文盲，恐怕不能滿您的願。」

貢唐蒼不無遺憾地說：「噢！？」

之後他們浪跡天涯及前往塔爾寺的精彩過程，在尊者的廣傳中有詳說。

一二一、在黃河邊焚燒財物

位於黃河上游的則瓦國國王和民眾迎請尊者前往，並供養了大量珍寶和財物。尊者要求人們收集大量木柴，堆積在黃河對岸，將收到的物品全部付之於炬。並住了很長時間才離開。

一二二、沒有信心的報應

尊者對自己管轄的波果瑪村的村民們說：「從今往後，我就把你們交給紫瑪護法神護佑了。」

一位叫波索的村民叫嚷道：「我們不需要惡王來管理！」

尊者就只有將其他所有的村民交給紫瑪護法神護佑。

紫瑪護法神實為財神夜叉，正是仰仗他，當地才能世世代代馬肥牛壯牧羊成群，財富受用圓滿興盛。

因為沒有信心的緣故，那位叫波索的人當時就淪為乞丐，並殃及子孫，使其後代也都以乞討為生。

一二三、頑冥不化的舅舅

一次，尊者一位對他沒有信心的舅舅與他同住。尊者為了令其生信，當著他的面將一隻旱獺殺死了。

舅舅怒火沖天，當場怒斥：「你這個劣夫，一個轉世活佛居然如同一個罪業深重的屠夫，你實在是令人鄙視、罪不可赦。與你為伍真是倒霉！」

尊者不慌不忙地說：「既然這樣，那需要我讓牠復活嗎？」

「求之不得！」

尊者開始用鞭子抽打旱獺，旱獺甦醒過來，一邊唧唧噥噥地叫著，一邊搖頭晃腦地離開了。

冥頑不化的舅舅心想，他除了會玩弄一些魔術等小把戲外，也沒有什麼其他的本事。仍然沒有生起信心。

一二四、信心的蓮花

一位老人一直對尊者沒有信心，他的耳朵患染蟲疾，尊者用箭插入他的耳朵，因為他沒有信心的緣故，雖然沒有大礙，但也沒有治好他的耳疾。由於後來尊者

欽則益西多吉密傳

279

在他面前示現了各種不可思議的神變，信心的蓮花終於
在他心間綻放出了沁人心脾的芬芳。

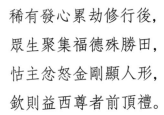

　　　　　稀有發心累劫修行後，
　　　　　眾生聚集福德殊勝田，
　　　　　怙主忿怒金剛顯人形，
　　　　　欽則益西尊者前頂禮。

　　　　　難以測度事業如大海，
　　　　　凡夫智若山兔叵逾越，
　　　　　為使諸位生信故宣說，
　　　　　一切皆由上師恩德致。

　　　　　言辭囉嗦且雜方言語，
　　　　　語無倫次始末尚顛倒，
　　　　　期盼智者生喜如兔角，
　　　　　唯祈寬恕令愚稍欣慰。

　　　　　戒禁成就癲狂之行境，
　　　　　無有恆常固定之次第，
　　　　　未有徒增臆想分別念，
　　　　　淺顯易懂以求智者喜。
　　　　　吾之俱生智慧若龜毛，

欽則益西多吉密傳

聞法修持更羞於掛齒，
文句錯謬相違於此懺，
企望諸眾以悲眼海涵。

尊者公認精彩之密傳，
浩如煙海吾本欲匯集，
於此合掌並虔誠祈禱，
各位有識之士能參與。

保密不共密宗之行境，
世間愚者心識難揣度，
不敢違背上師之吩咐，
若有過失於此誠心懺。

善妙發心恰似恆河水，
乃至趨入佛果大海前，
常伴上師左右永不離，
以清淨心恆視其勝行。

善哉！！！

二零零三年二月二十二日譯竟於
漫天雪花飄舞之喇榮聖地

欽則益西多吉密傳

欽則益西多吉密傳

時輪塔

282